JN041966

君はなぜ、苦しいのか

人生を切り拓く、本当の社会学

石井光太

中央公論新社

君はなぜ、苦しいのか——人生を切り拓く、本当の社会学

はじめに

日本の子供が感じている幸福度が、**先進国38カ国のうち37位という事実**を知っているだろうか。

これは、２０２０年にユニセフ（国連児童基金）が先進国の子供を対象に行った「精神的な幸福度」の国際調査の結果だ。同じ調査では、日本の子供の「身体的健康」は1位であるにもかかわらず、精神的な幸福度はにわかには信じがたいほど低いのだ。

大方の人たちは、これまで自分の幸福度がどれくらいかということについて真剣に考えたことがないかもしれない。そもそも、それをどのような尺度で測ればいいのかがわからないということもある。だから今いる社会に息苦しさを感じていたとしても、そういうものだと捉《とら》え、危機感を抱いていないのだ。

だが、先進国38カ国のうち37位という順位を示されたらどうか。

少なくとも日本の子供たちが何か危機的な状況にさらされていることは想像できるだろう。自分たちが生きているのは得体の知れない恐ろしい社会なのかもしれない、と。

そもそも自分の置かれている状況を客観的に把握することはとても難しい。

若ければ若いほどそうだ。生まれてからずっとその環境にあれば、知らず知らずのうちに身の回りにあることを特別なものだとは思わずに受け入れてしまう。

たとえば、100年前の日本では、学校へ行けずに読み書きができないことも、庭に毒ヘビが出ることも、お腹《なか》の中に寄生虫がいることも、ごく普通のことだった。実際にそれによって多くの人々の可能性が潰《つい》えたり、命が奪われたりしていたが、当時の子供たちにとってはよくあることだったので、それをおかしいと認識することはなかった。

同じように、今の若い人たちも、自分の周囲で起きていることに疑問を抱かずに受け入れてしまっている。世の中はこういうものなのだというすり込みの中で、問題の核心から目をそらし、自分がいる環境の深刻さについて考えず、身を守ることの必要性を自覚していない。

本当に、それでいいのだろうか。今の子供たちを取り巻く状況の中で可視化できるものをいくつか挙げてみよう。

・子供のうち7人に1人が貧困
・15人に1人がヤングケアラー
・児童虐待の相談件数は年間20万件
・小中学生の不登校は約24万人以上
・ネット依存の子供が100万人を突破

これらは新聞やテレビによって度々報じられる統計なので、どこかで見聞きしたことがあるという人もいると思う。細かな数字を覚えていなくても、虐待や貧困が今の社会で大きな問題になっていることは、ほとんどの人が知っているはずだ。

ところが、次のように尋ねられたら、どれだけの人が正確に答えられるだろうか。

・虐待の中には、肉体的な暴力以外にも、心理的虐待といって言葉の暴力があります。では、虐待に該当する言葉とは、どのようなものを示すのでしょうか。また、言葉の暴力を受けつづけた子供の心身には、将来どのようなことが起こるのでしょうか。

あるいは、こう尋ねられたらどうだろう。

・ネット依存は、1日にどれだけネットをしていることをいうのでしょうか。依存症になる人とならない人とでは何が違うのでしょうか。

おそらく自信を持ってはっきりと回答できる人はほとんどいないだろう。もしかしたら学校の先生であっても、首をかしげるかもしれない。

これは、非常に由々《ゆゆ》しきことだ。

なぜならば、この質問に答えられないということは、君たちが虐待やネット依存の当事者であっても、それを自覚できていない可能性があるからだ。あるいは、すぐ傍《そば》でそうしたことが起きていても、察知することが難しい。

これを裏付けるデータがある。

児童相談所という公的機関を知っているだろうか。家庭で虐待が行われているかどうかを調べたり、犠牲となっている子供たちを保護したりするところだ。この児童相談所が、虐待事案で保護した子供たちに次のような質問をしたことがあった。

「虐待されているという自覚はありましたか」

質問されたのは、虐待を受けたか、受けたであろうと判断される子供たちだった。だが、彼らのうちの34%が「虐待を受けた自覚がない」と回答し、35%が「無回答」だった。はっきりと虐待を受けていたと自覚していたのは、わずか31%だった。

つまり、虐待事案で保護された子供たちでさえ、自分が虐待を受けたと確実に認識しているのは3人のうち1人にすぎないのだ。これは虐待家庭で育った子供たちが、それを「日常」だと考えてしまっていることを示している（ちなみに、この子供たちの80%以上が、児童相談所によって「虐待の危惧《きぐ》あり」「生命の危険あり」と判別されていた）。

もう少し身近な例として、ネット依存を挙げてみたい。中学や高校のクラスで先生がこんな質問をしたとしよう。

「この中でネット依存の子はどれくらいいますか？　ちょっと手を上げてみてください」

自分から挙手《きょしゅ》する人はまずいないはずだ。仮にいても、1人、2人が冗談半分で反応するくらいだろう。

だが、調査に基づいた推計では、日本の中高生のうち、ネット依存になっているのは7人に1人となっている。つまり、1クラスの中で5人前後の生徒がネット依存に該当するのである。ほとんど手が上がらなければ、それだけ依存症になっていることを認識している生徒が少ないということになる。

冒頭に述べたように、日本の子供たちの精神的な幸福度は世界的に見ても驚くほど低く、危機的な状況にある。それは、日本の子供たちが置かれている状況が幸福感を削《そ》ぎ取られるほど劣悪であるためだ。

しかし、当の子供たちはそのことについてほとんど無自覚だ。日本の社会が他の国と比べてどれだけ特殊なのか。そこで自分たちがどんな問題に直面していて、何を失っているのかといったことをわかっていない。

かつて日本で起きていた公害問題を想起してほしい。工場地帯に林立する工場は、毎日煙突から大量の有害な煙をまき散らしていた。近隣の住民はその危険性を教えられないまま、煙を吸い込んでいるうちに健康を害し、時には命までも奪われていた。もし煙の有害さを認識していたら、そんな事態にはならなかっただろう。今の子供たちが社会問題に無自覚なまま幸福を奪われているのは、それと似たようなことではないか。

君たちに必要なのは、**社会に蔓延《まんえん》する息苦しさの正体を正確に見極める**ことだ。

今の日本の社会は霧がかかったように不鮮明で、いたるところに数多くのゆがみや落とし穴が存在する。だから子供たちは、知らず知らずのうちに様々な障壁にぶつかり、苦しみあえぎ、路頭《ろとう》に迷ってしまう。それを避けるには、社会の何がゆがんでいるのか、どこに落とし穴があるのかを把握しなければならない。

この本を通して目指すのは、まず君たちの周りに立ち込めている濃い霧を取り除くことだ。そうすれば、君たちはどの道を進めばいいかを俯瞰《ふかん》して見ることができるだろう。それは君たちが生きづらさから脱却することを後押ししてくれるはずだ。

君はなぜ、苦しいのか。

その「なぜ」を解き明かすことによって、君たちの人生を生きやすいものへと変えていこう。

君はなぜ、苦しいのか——人生を切り拓く、本当の社会学｜目次

第3章 家族のかたちは変わったか

第4章 虐待する親からどうやって逃げるか

第5章 学校が君たちを追いつめるのか

第8章 マイノリティといかに向き合うか

カバー装画　阿部海太
装幀・本文デザイン　松田行正＋杉本聖士

第1章

君たちはどんな社会に生きているのか

格差社会の中で求められるもの

――ＡＩ（人工知能）に負けないグローバル人材になろう。

君たちは、一度はそんな言葉を聞いたことがあるのではないだろうか。学校から習い事に至るまであらゆるところでそんな標語が掲げられている。最近は幼稚園や保育園でさえ、生徒募集のためにこの言葉をつかっているほどだ。

なぜそんなことが求められているのだろう。それは社会で日々深刻さを増している「**経済格差**」という問題が深くかかわっている。

日本では20年以上前から格差の拡大が指摘されるようになり、近年は国家の重大問題にまで発展している。格差の上層にいる人たちは膨大な富を手にし、下層にいる人たちは社会福祉なしでは生きていくことさえままならなくなっている。しかも年々中間層が減り、持てる者と持たざる者との差が開いているのだ。

あと10年もしないうちに、これまで人間がやってきた仕事の大半はＡＩに取って代わられ、それは格差を一層拡大させることにつながると考えられている。だからこそ、大人たちは子供に対して「ＡＩに負けない能力をつけろ」と言い、世界で類を見ないほどの少子高齢化の日本を脱して「グローバルに活躍しろ」と発破《はっぱ》をかける。

今の子供たちが、とても早い段階から外国語の学習をさせられたり、プログラミングを教えられたりしているのはそのためだ。ディベートやスピーチやレポートの練習も盛んにやらされる。それは、大人たちが世界で戦える優秀なビジネスマンを育成しようとしているからだ。

君たちがそれを望むかどうかは別にして、日本は、いや世界はそのような方向へものすごい勢いで突き進んでいる。大学入試、就職試験、ビジネスなど、様々なところでその力を試され、点数化されている。

「将来、安定した生活をしたければ、子供のうちに必死になってがんばりなさい」

大人たちのこうした言葉の裏にあるのは、我が子が**格差社会の中で下層に落ちることへの底なしの不安**だ。

最初に考えてもらいたいのは、君たちが生きている、そんな「今」という時代についてだ。時代というのは、言ってみれば君たちが2本の足で立っている大地だ。その大地は、格差が生み出す諸問題によって無数の凹凸ができている。君たちは足元をきちんと見なければ、足を取られてつまずくことになる。

日本にある格差とは一体何なのか。そのことについて見ていこう。

日本の社会システムが大きく変わったのは、今から約30年前の1990年代からだ。おそらく君たちのお父さん、お母さんが学生だったくらいの時代だろう。

60年代から80年代にかけての日本は、世界でも類を見ないような経済成長を遂げた。特に80年代の後半はかつてないほどの好景気に沸いていた。

当時活躍していたのは、ソニー、東芝、トヨタといった科学技術を駆使して事業を世界へと広げた企業だった。企業のビジネスマンは、欧米に追い付け追い越せの精神で馬車馬のように働いていた。

栄養補給ドリンクのＣＭでは「24時間戦えますか」のフレーズが流れ、毎晩終電近くまで残業し、休日を返上するのは当たり前。過労死もいとわぬ態勢で働いて、高性能の新商品を開発し、世界に送り出していった。

デジタルウォッチに、ウォークマンに、液晶カラーテレビ。そうした商品が世界で人気を博して市場を席捲《せっけん》したことで、「メイド・イン・ジャパン」の信頼性が高まり、日本に富が流れ込んできた。

日本企業が勢いに乗って世界進出をする一方で、中間層の人々の暮らしを足元で支えていたのは、昔ながらの商店街にあるような個人商店だった。駅前の商店街には、八百屋、魚屋、豆腐屋、洋服店、おもちゃ屋、食堂、酒店、駄菓子屋が軒《のき》を連ねていた。全国チェーンの店が進出しつつあったとはいえ、中規模以下の町の商店街を支えるのは個人経営の商店であり、そこで働くのは主に親族か、地元の人たちだった。

たとえば建物の1階を利用したラーメン屋では父親が調理を担当、母親が配膳《はいぜん》と会計を担当し、2階の住居では祖母が子供の面倒をみるとか、八百屋では祖父母が店番をしている間に父親が野菜の仕入れや配達をするといった具合だ。店が忙しく人手不足の場合は近所に住む親族が手伝いに来たり、地元の人を雇ったりすることが多かった。

個人商店は、親から子へと継がれる世襲《せしゅう》制だ。子供は幼い頃から親の手伝いをし、中学や高校の卒業と同時に働きはじめる。そこで仕事のノウハウを学び、常連客や取引先の人たちにかわいがってもらいながら一人前になり、やがては家庭を持って年老いた親に代わって店主となる。

商店街に集まる個人商店は、横のつながりも強かった。店が集まって商店街組合をつくるだけでなく、地元の祭りを運営したり、自治体と一緒にイベントを開催したりした。他にも消防団や商工会議所、それに青年会や婦人会といったコミュニティもたくさんあった。個人商店を中心に、地域の人たちが親戚同士のような付き合いをしていたのだ。

こうした地元密着型の社会は、店同士の協力関係を堅固《けんこ》なものにし、商売を安定させる要因となっていた。

書店であれば、同じ商店街の床屋や歯科医院の待合室に置く雑誌を定期的に納入していたし、電器店であれば、商店街の店がつかう機器の販売から修理までを請け負っていた。店にとっては、これが安定収入となっていたのである。

かつて、「一億総中流」が成り立っていた理由

君たちは「**一億総中流**」という言葉を聞いたことがあるだろうか。

70年代の日本では生活水準を上流、中流、下流と3つに分けた場合、ほとんどの日本人が自分を中流であると回答していた。上流、または下流に属すると考えている人は、それぞれ数

パーセントしかいなかった。こうしたことを根拠に、日本人がほぼ中流階級にあるという考えが広まったのだ。

後で述べるように、格差がはっきりと広がった現在の日本社会とはずいぶん状況が違う。なぜ一億総中流が実現したかと言えば、個人商店の存在が大きかった。個人商店が地域に根差し、持ちつ持たれつの関係によってそれなりの収益を得ることで、多くの人に適度な富が分配される仕組みになっていた。

もちろん、そうした密接な関係には、ともすれば面倒に感じるようなことも多々あった。小言を言ってくる親と毎日朝から晩まで一緒に働かなければならないし、夜や休日は地元の付き合いに駆り出される。頼まれれば儲《もう》からないことや、余計な労力のかかることもやらなければならない。それを断るのは、コミュニティから外れることを意味する。

こうした濃密な人間関係を疎《うと》ましく思って、そこから離れることを選んだ人も少なくなかった。特に優秀な人であればあるほど、引く手数多《あまた》なので、都会へ出て企業に勤め、核家族を形成することによって自由な生活を手に入れようとした。もっとも当時の給与体系は年功序列だったが、終身雇用制と年金のお陰で老後の人生まで保障されていた。

他方、個人商店を中心とした旧来型の社会システムにも、働く側にとってそれなりのメリットがあった。具体的に挙げれば次のようなものだ。

・家族や知人が経営者なので、社会に適応しづらい人も安心して働けた。

・人間関係のつながりが強く、仕事上の競争が激しくなかった。
・ツケや配送など客に個人的な融通を利かせることができた。
・周りがみんな肉親や知人なので孤立の予防につながった。

世の中には、生まれつき気が弱い人や心身の病気を抱えている人など、他者と競い合って自立を実現するのが困難な人が少なからずいる。旧来の社会システムの中には、そういう人たちの社会参加を助ける装置が備わっていたのだ。

たとえば20代半ばの男性がいたとしよう。彼は小さな頃から体が弱く週に2日は寝込んでしまう日があり、人見知りが激しく話をするのが苦手だった。

こうした男性が大きな企業に勤めて、同僚と競い合って一心不乱に働きつづけるのは簡単なことではない。遅かれ早かれ、体や心を壊して会社を辞めることになるだろう。

しかし、親であれば、彼の人となりを熟知しているので、自分の店で無理のない形で働かせることができる。体調の良い時だけ経営する魚屋に出てもらい、清掃、経理、配達といった裏方の仕事をさせる。そうすれば、彼は自分のペースで働き、納税者として自立することが可能だ。

あるいは、軽度の発達障害のある女性がいたとしよう。彼女は、空気を読んで行動するのは苦手だけど、特定のことに没頭する傾向にあった。

親はそれを理解しているので、彼女に企業勤めをするより、手に職をつけることを勧めた。

そして同じ町の織物職人に頼んで、娘を弟子入りさせてもらうことにした。そこで衣食住を確保してもらいながら、織物の技術を学んでいけば、数年後には立派な職人として独り立ちすることができる。

このように**旧来型の社会システムには、弱い立場の人を受け入れる余地があり、そこで生きている限り、彼らは自立した納税者になれた。**良い意味で、個人商店が持っている裁量権《さいりょうけん》、地元の人間関係で成り立つ商売、親族や地域の濃密な人間関係が、彼らの社会生活を支えていたのだ。

旧来型の社会システムと新しい社会システムがともにあることによって、一億総中流が実現していたとも言えるだろう。

社会のあり方が根底から変わった

一億総中流の社会が崩れたのは、1990年代のことだった。発端は、91年から92年にかけてバブル経済が崩壊し、日本が「**失われた30年**」とも呼ばれる長い不況の時代に迷い込んだことだ。

日本の経済は急激に冷え込み、企業はそれまで湯水のごとくつかっていた諸経費をギリギリまで切り詰めなければならなくなった。そこで多くの企業が断行したのが、生き残りを図った大規模なリストラやコストカットだ。

図1－1　正規・非正規雇用者数（対前年増減）

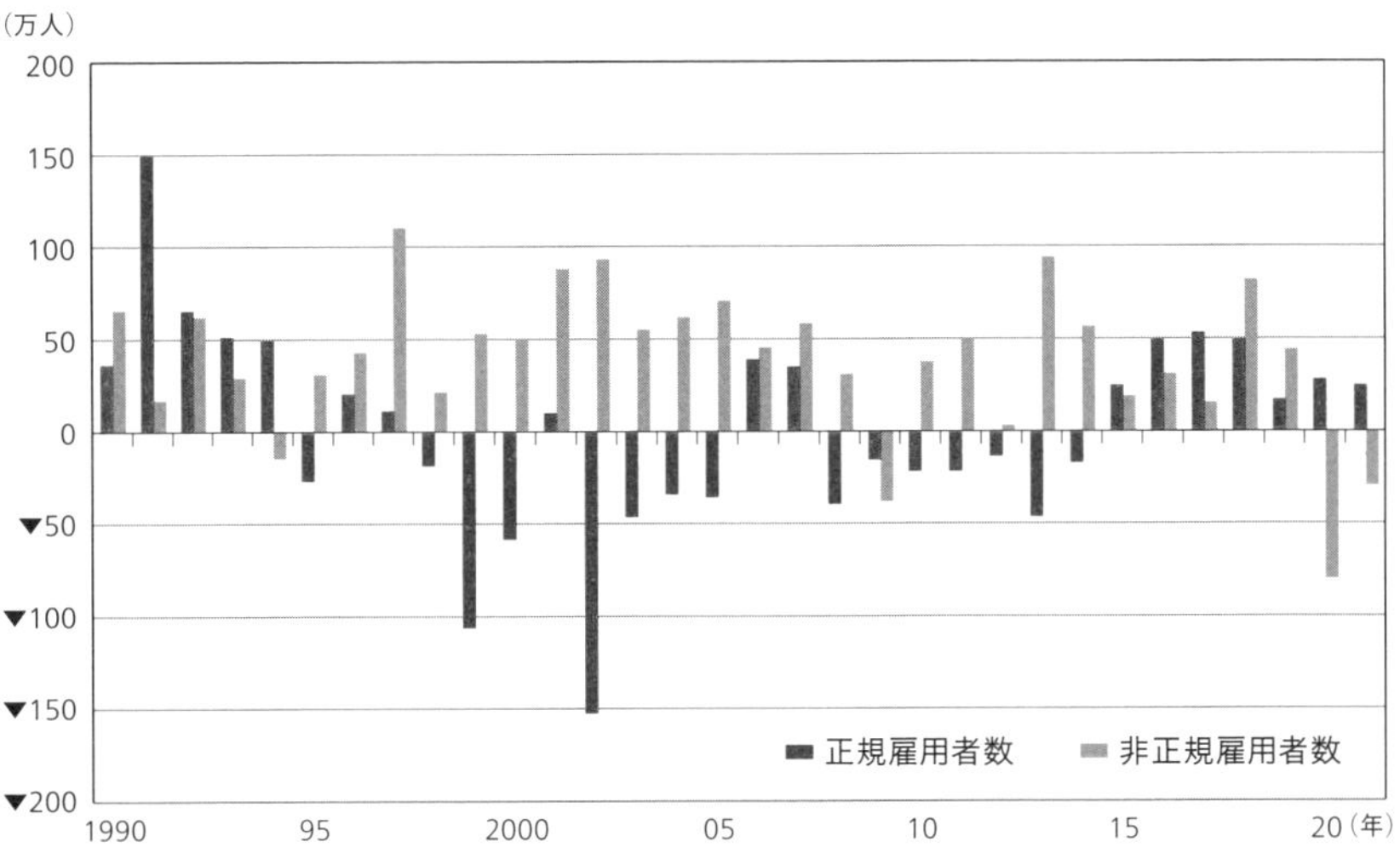

総務省統計局

それまで終身雇用と年功序列が当たり前だった会社員にとっては、梯子《はしご》を外されたような思いだった。突然解雇《かいこ》を告げられても、不況の中で転職先はなかなか見つかるものではない。困窮する家庭が次々と出てきた。

不況の波は、これから社会に出ようとする若い人たちにも多大な影響を与えた。企業は新入社員の募集を控え、足りない人材はアルバイト、契約社員、派遣社員といった非正規雇用で補う方向へ舵《かじ》を切っていたのだ。

これを示すのが図（1－1）だ。非正規雇用者の割合が、90年代の半ばから急上昇していくのがわかるだろう。これはそのまま低所得層が増えたことを示している。

おそらく君たちの親は、この時代に

10〜20代だった世代ではないだろうか。子供時代はそれなりに好景気を経験しつつ、いざ社会に出ようとした時に不況の悪影響を被った世代。これを「**ロスジェネ**（ロストジェネレーション）**世代**」という言い方をする。

こうした状況が日本の社会のあり方を根底から変えることになった。

まず日本社会に不況の暗雲が垂れ込めたことで、人々は限られた生活費で生きていくために、より安価なものを求めるようになっていった。

旧来型の社会システムの中では、地元の人間関係の中で少々高くても「付き合い」という名目で馴染《なじ》みの個人商店で買い求めるのが普通だった。価格以外のところで、先述したようなメリットがいくつもあったからだ。

だが、経済的な余裕がなくなれば、人は10円でも安いものを求めるようになる。その結果として起こるのが価格競争によるデフレ（物価の下落）だ。

これがビジネスの上で勝者と敗者をはっきりと分けた。勝利したのは、全国にチェーン店を展開する巨大資本の企業だ。イオンやイトーヨーカ堂のようなスーパーマーケット、マクドナルドや吉野家のような外食産業、ユニクロや無印良品のようなチェーンの製造小売業、ヤマダ電機やヨドバシカメラなどの家電量販店である。

巨大資本の企業は、グループ全体で商品を大量購入・大量生産することによって、徹底的にコストを抑え、信じられないような安値で販売することができる。デフレでこそ、その強大な力を示す。

これによって圧倒的に不利になったのが、商店街の個人商店だ。町の八百屋が市場でスイカを5玉仕入れるのに対して、大手スーパーは系列店を合わせて何千玉と仕入れるのだから、価格で太刀打《たちう》ちできるわけがない。そのため、商店街の個人商店は次々と苦境に追いやられ、入れ替わるように全国チェーンの店が林立するようになった。

きっと君たちが住んでいる町でも、これが起きた時代の痕跡《こんせき》を見ることができるだろう。駅前の商店街や国道沿いに並ぶのは全国チェーンの店ばかりで、昔ながらの個人商店はシャッターを下ろしているか、風前の灯火《ともしび》ではないだろうか。地方はより顕著《けんちょ》で、商店街はほぼ壊滅《かいめつ》状態にあるはずだ。

個人商店の経営が難しい時代が到来する中で、どのような人たちが窮地《きゅうち》に追い込まれたのだろうか。

個人商店にも優秀な店主や子供はたくさんおり、彼らは時代に合うように事業を変えていったり、企業に入って活躍したりすることができた。だが、先述のように、個人商店には、ビジネスの第一線で活躍するのが困難な人たちの受け皿になっていた側面もある。そういう人たちは、家業がつぶれたからといって、簡単によそへ移って働くということが難しい。

先の例だと、大手スーパーの進出によって家族経営の魚屋が倒産すれば、体の弱い内気な男性は、スーパーの鮮魚コーナーに職を求めるかもしれない。でもそこには親のような理解者はおらず、店が決めたシフトに入り、マニュアルを忠実に守って同僚と横一列に同じ仕事をすることが求められる。彼にとってそれが簡単ではないのは明らかだろう。無理をすれば、たちまち体を壊しかねない。

軽度の発達障害があった女性も同じだ。徒弟《とてい》制度によって織物職人になるルートが世の中から消えてなくなれば、彼女は専門学校へ行って資格の取得を目指すか、繊維会社に就職して最新のマシーンを操作して日々のノルマを達成していくしかない。だが、彼女のような特性のある人にとってはハードルが高い。

そう考えてみると、新しい社会システムは、それまで個人商店という環境の中で社会の一員として働いていた人々をふるいにかけたと言える。その結果、少なくない人たちが社会の中で居場所を失い、生活の糧を得る手段を失うことになった。

彼らが自力で稼いで食べていくことができなくなったらどうなるのか。生活保護など公的資金による支援が必要になるだろう。現状では社会で生きる力がないと判断され、「**社会的弱者**」として生きていくのだ。

かつて半世紀近く障害者福祉施設で働いていた人に話を聞いたことがある。その人は次のように語っていた。

「昔は町のあちらこちらに、少しハンディがあるなと思うような大人がいたものです。中学を卒業しているのに字が読めない畳屋さんの従業員だとか、本ばかり読んで一言も口をきかない古本屋の店主とか。今思えば、何かしらの障害やちょっとした特性があったのかもしれませんが、みんな普通に働いていました。

でも、今デパートに行っても、書店に行っても、そうした人は滅多に見かけませんよね。彼らは一般社会を追われて、福祉という狭い世界の中で生きていくことになったのです。それが彼らの人生にとって良かったのかどうかはわかりません」

これを示すのが図（1-2）だ。わずか20年の間に知的障害者の数が大幅に増加しているのがわかるだろう。

知的障害者の生まれる率は時代によってそこまで大差がないであろうことを踏まえれば、以前は障害だと見なされていなかった人々が、社会で生きることに難しさを感じるようになり、福祉につながった一面があるのだ。

図1-2　知的障害者数の推移

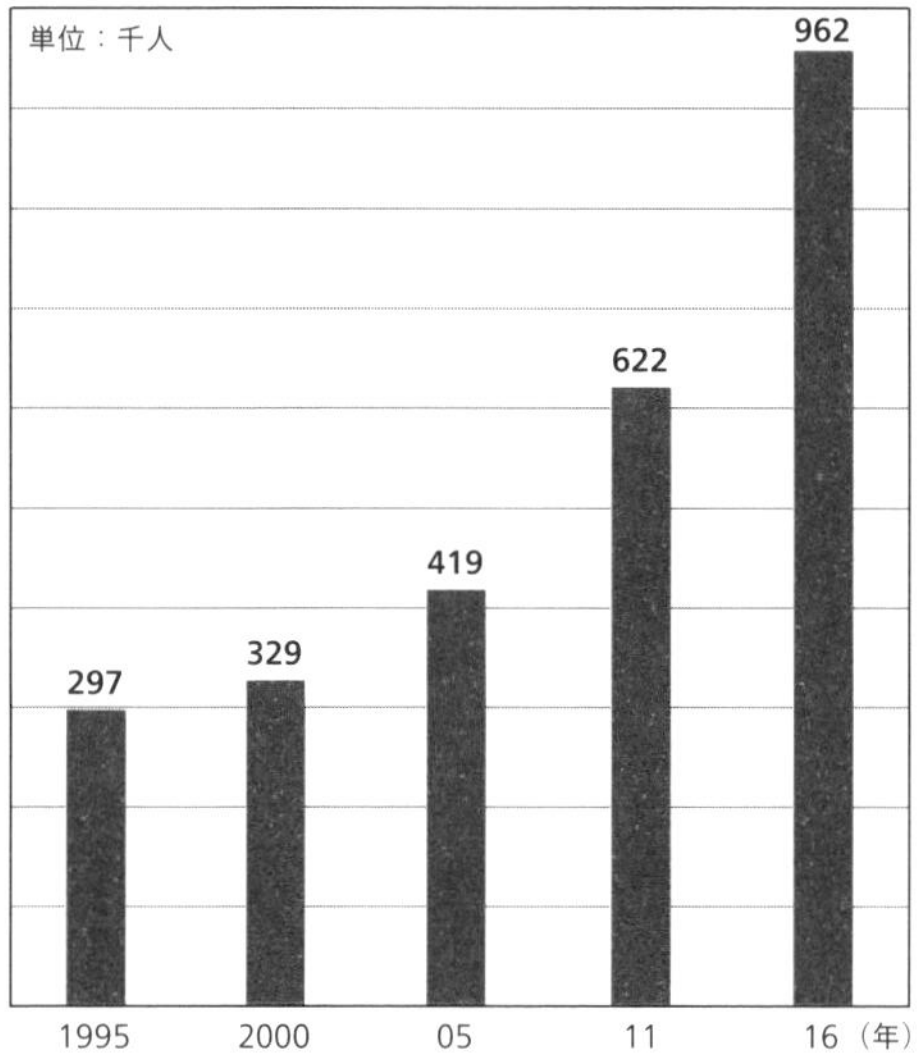

厚生労働省「知的障害児（者）基礎調査」（～2005年）、厚生労働省「生活のしづらさなどに関する調査」（2011年、16年）

このように見ていくと、旧来型の社会システムの中では自立した納税者として生きてこられた人たちが、新しい社会システムの中ではこぼれ落ちて社会的弱者とされ、福祉の助けなしでは生活できなくなっていくプロセスが見えてくるのではないだろうか。

ここから言えるのは、**社会的弱者とは社会構造がつくり出した存在である**ということだ。

グローバル化と情報化がもたらしたこと

2000年代に入ると、新しい社会システムは加速度的に大きなものになっていく。後押ししたのは、世界中で同時多発的に起きていたグローバル化と情報化だ。

この頃、世界は交通網や情報網の発達によって急激に距離が縮まった。市場経済化が進む中で、人間と物が大量かつ自由に行き来できるようになり、ビジネスが世界を舞台に展開されるのが当たり前の時代になった。

また、ブロードバンド（高速・大容量のデータ通信）によって、パソコンが急速に普及していき、社会は溢《あふ》れんばかりの情報に覆いつくされるようになった。それに伴い、インターネットを介したビジネスも盛んになっていく。

これまでは1つの地域や国で完結していたビジネスが、ほんのわずかな期間に世界規模でくり広げられるものになったのである。

先ほど挙げたユニクロを運営するファーストリテイリングで考えてみよう。

もともと同社は、中国地方にあった小売業に過ぎなかった。それが80年代から90年代にかけて急激に店舗の数を増やしていった。最大の火付け役となった製品が、98年に一大ブームを巻き起こした同社のフリースだ。人件費の安い中国の工場で製品を大量生産することによって、ファッション性が高く、リーズナブルな商品を売ることに成功したのだ。

その頃までファーストリテイリングは日本国内でのみ知られている企業に過ぎなかった。だが、グローバル化の波に乗り、2001年のイギリス進出を機に、中国、台湾、韓国、シンガポール、オーストラリア、カナダ、アメリカ、ロシアと世界各国へ展開していく。

ファーストリテイリングの海外展開の背景には、国内市場が頭打ちになったというだけでなく、それに甘んじていれば海外から進出してくるH&M、ZARA、GAPといった大企業に市場を奪われてしまうという危機感もあったにちがいない。そのピンチを乗り越えるには、自分たちも海外へ打って出て会社の規模を大きくし、ライバルを蹴落《けお》とす必要があったのだ。

現在、ファーストリテイリングは2300店舗以上を持っているが、そのうちの6割にあたる約1500店が海外にある。社内公用語を英語にし、様々な働き方を導入し、積極的に外国人従業員を雇用している。

ファーストリテイリングの成長のプロセスを見てみると、グローバル化した世界の中で企業が生き抜いていくことの大変さがわかるのではないか。逆に言えば、時代に適した成長を遂げられなかった企業は押しなべて苦境に追いやられているのである。

同じことはファッション業界だけでなく、ありとあらゆる業界で起きており、もはや1つの地域、1つの国だけでビジネスが成り立つことはない。特定の市場だけにこだわっていれば、瞬く間にライバル企業に飲み込まれる運命にある。

かつては世界1位の性能を誇った日本の携帯電話が「ガラパゴス化」したことによって、あっという間にiPhone、GALAXY、それに中国の新興メーカーに取って代わられた。そうしたことが世界中の至るところで起きているのだ。

企業にしてみれば、世界の市場で勝ち抜かなければ成功とは見なされない状況は決して楽ではないはずだ。それでも、こうした潮流がとどまるところを知らないのは、それが人々に非常に高い利便性をもたらしているからだ。

グローバル化と情報化によって、人々はあらゆるものが簡単に手に入るようになった。スーパーへ行けば世界中から輸入されてきた商品が大量に並べられ、通販サイトを利用すれば入手できないものなどほとんどない。格安航空券なら数万円で海外へ遊びに行けるし、オンラインチャットをつかえばあらゆる国の人とつながれる。海外から入ってくるファッションからジェンダーまで多様な価値観が、自身の凝り固まった価値観をいとも容易《たやす》く吹き飛ばしてくれる。ビジネスとは人々の欲望をあおり、お金に換えていくものだ。市場の人々がそれを望む限り、企業は大変だろうと何だろうとそれに応えていかなければならない。

しかしながら、こうした新しい社会システムが人々にもたらしたのは利便性だけではなかった。**市場がグローバル化したことによって、勝者と敗者がはっきりとし、「格差」という大きな不条理が引き起こされることになった**のである。

格差の問題は、90年代から徐々に兆候が現れていたが、グローバル化と情報化によって2000年代以降は歴然たるものになった。バブルの崩壊から10年以上の時を経たことで、その間に富を築くことができた人間と、そうでない人間とに分かれたのだ。

図（1－3）を見てほしい。ジニ係数とは、日本における所得格差を示す数値だ。特に95年前後を境に、非正規労働者比率、生活保護率ともに増加し、2000年代になるとさらに急上

図1-3 ジニ係数、非正規労働者比率、生活保護率の推移

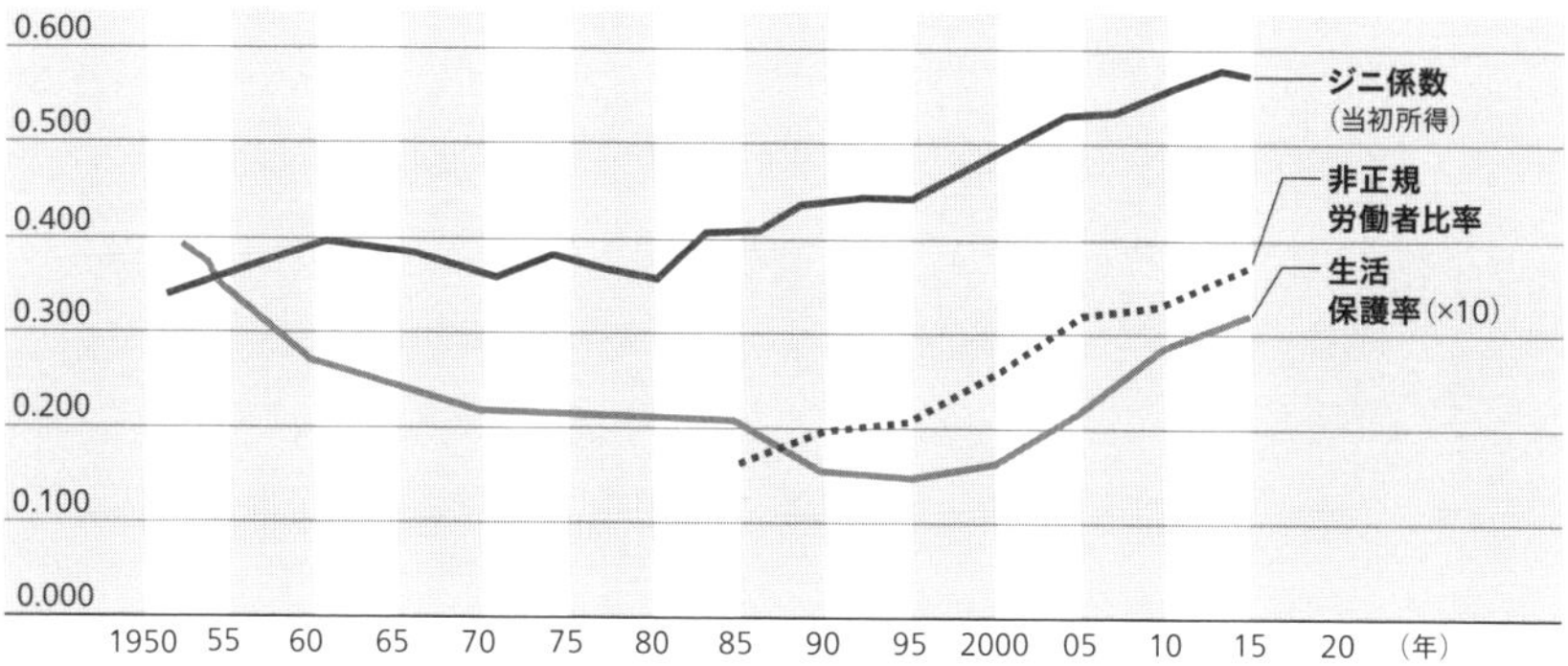

「週刊ダイヤモンド」(2021年9月11日号)より。厚生労働省「所得再分配調査」(ジニ係数)、国立社会保障・人口問題研究所「生活保護に関する公的統計データ一覧」(生活保護率)、総務省統計局「労働力調査」(非正規労働者比率)

昇。ここ数年は、高止まりといった状態にあるのがわかるだろう。

日本の貧困は、相対的貧困率といった値で算出される。世帯の等価可処分所得の中央値の半分以下の世帯員がそれに当たる。今は、年収127万円以下の世帯だ。

現在の相対的貧困率は、15%を超えている(2018年、厚生労働省の発表)。つまり、**日本人の6人に1人が貧困層**ということになる。**ひとり親世帯に限れば、その率は格段に上がり、2人に1人が貧困層**となっている。

日本の完全失業率は、近年2~3%台であるにもかかわらず、なぜこれほど相対的貧困率が高いのだろう。原因は、雇用形態にある。図1-1で見たように、労働者に占める非正規雇用の人の割合が非常に大きいのだ。

現在、非正規労働者の比率は高止まりしていて、女性は2人に1人、男性は4人に1人となってい

る。平均収入を見れば、給与格差は明らかだ。

・正規雇用者の平均収入＝５０８万４０００円
・非正規雇用者の平均年収＝１９７万６０００円

非正規雇用の社員は、正規雇用の社員と比べて、2分の1にも及ばない収入しかないのだ。格差はたくさんの問題を引き起こす。君たちの身に置き換えてみれば、容易にわかるだろう。家にお金がなければ、学習塾で勉強をしたり、スポーツに励んだりすることが難しい。かといって生活を支えるためにアルバイトに励めば、プライベートの時間が削られ、学生のうちにやるべきことが疎《おろそ》かになる。

こうした人たちが、低収入で不安定な職業に就かざるをえなくなることがある。彼らは、経済的にも精神的にも苦しい生活を余儀なくされ、ストレスも膨らんでいく。結婚どころか、病気になっても病院へ行けないということも起こるかもしれない。

日本政府も、格差が多くの問題を引き起こすことを理解しており、解決すべき優先課題と捉え、これまでいくつもの対策を打ち出してきた。失業者を対象とした職業訓練や就職支援を行ったり、企業に正規雇用と非正規雇用の処遇格差を縮めることを求めたり、各種給付金で家計を支援したりしてきたのだ。だが、おおよそ20年前から日本の相対的貧困率は横這《よこば》いだ。

なぜかわかるだろうか。

国が行っている対策より、世の中のグローバル化、情報化のスピードの方が圧倒的に早く進んでいるからだ。

政治家が国会で議論をして新たな支援策を講じている間に、ビジネスの競争はどんどん激しく大規模なものになっている。だから、勝ち抜く人たちがいる一方で、大勢の人たちが社会からこぼれ落ちてしまっている。

現在の日本では、年収2500万円以上の富裕層の割合は、0・3％だ。一方で、年収200万円以下のワーキングプアと呼ばれる人たちはおおよそ5人に1人に当たる22・2％（令和2年「2020」民間給与実態統計調査）。それを見ただけで、勝者と敗者がくっきりと分かれていることがわかるだろう。

以前、僕が取材した大企業の社長は次のように語っていた。

「今の世の中はあっという間に勝ち負けが決まってしまいます。だから、多くの企業は自社で時間をかけて人材を育てるより、時間を金で買ってでも即戦力の人材を取り込もうとします。それは新入社員に対しても同じですね。能力がある子は、それを発揮して何千万円でも、何億円でも稼いでくれればいい」

こうした時代の中で、若い人たちが非常に高い能力を求められるようになったのは当然だ。

旧来型の社会システムでは、家具屋の店主が自分でつくった椅子を同じ町の知り合いに売れば良かった。だが、今、椅子の製造販売を事業にしようとすれば、人間工学や医学といった最先端の知識を結集して機能性を高め、どの国でも通じる高いファッション性を備えた椅子を開発し、世界中の市場でイケアのような海外ブランドとしのぎを削れるだけの営業力を備えなければならない。

現在、大きな売り上げを出している企業の大半は、そんなレベルでの世界規模の戦いをくり広げている。こうした企業が高い給与を払って正社員として雇いたいと思っているのはその戦力となれる人間だ。

楽天グループを率いる三木谷浩史会長を知っているだろうか。一代で楽天グループをつくり上げた彼は、自社をグローバル企業にするべく、社内公用語を英語にし、世界中から大勢の人を雇っている。社員の2割が、70超の異なる国や地域の出身者だという。

彼の言葉だ。

「日本的な企業風土を打破することができたことに加え、本当の意味でのダイバーシティー（多様化）の追求ということに成功しつつあると思っています。世界中から人材を集めているので、本当に強烈な才能あふれる社員がたくさんいます。そういう意味では、日本人だけじゃない多様化された組織にすることによって、組織のダイナミズムを維持できているということは言えると思います」

企業が求める人間とは、すなわちこのダイナミズムに乗って活躍することができる能力を備えている人である。

産業界から教育へ託されていること

現在、教育現場でさかんに言われている「ＡＩに負けないグローバル人材になろう」というのは、まさにこんな時代を生き延びるための指針と言える。

世界を舞台にした苛烈《かれつ》な競争に負ければ、格差社会の下層に転がり落ち、そこから這い上がることが難しくなる。ＡＩが仕事を担う時代が進めば、ますますその傾向は高まる。だからこそ、若いうちにしっかりとした教育が必要になると考えている。

文部科学省は、社会環境の変化によって企業が新たに求めるようになった人間の能力として、次の４つを挙げている。

・当該分野の専門知識の土台となる「各分野における基礎的な知識」の徹底的な理解。
・産業のグローバル化に伴い、多様な地域で、様々な人々と一緒に仕事をしていくための「グローバルな感覚」の素質。
・開発から商品・サービスまで、一連のバリューチェーンを俯瞰《ふかん》しプロジェクトを遂行していく「マネジメント力」。
・学んだ知識を現場に適用し有効に活用していくための能力として、「課題発見・解決力」、「コミュニケーション能力」等、いわゆる「社会人基礎力」として括《くく》られる要素。

教育の本来の役割とは、学力やスキルをつけるだけでなく、子供たちの人間性を育てることにある。だが、産業界がここまで高い能力を求めている中では、どうしてもそれを優先せざるをえなくなる。

最近、学校は様々な新しい学びを取り入れている。プログラミング、金融教育、起業家教育、メディアリテラシー、SDGs、プレゼンテーション、ディベート、第二外国語……。

どれも僕自身が学生だった時には存在しなかったものだ。だが、グローバル化した社会では、あらゆることが急速に進み、複雑になった。それにともなって、子供たちはあれもこれもという具合に新しい知識やスキルが求められるようになったのである。

昔と今とではどれくらい違うのか。たとえば、ゲームを思い浮かべてほしい。

君たちは、親が子供だった時代に流行《はや》った「ファミコン（ファミリーコンピューター）」「ゲームボーイ」を知っているだろうか。当時のゲームは、その中身も、映像も、遊び方も、コントローラーもすべてが単純だった。

他方、君たちがやっている今のゲームはどうだろう。ゲーム内に様々なアイテムや遊び方が用意されており、オンラインで他のユーザーとつながることもできる。課金によって際限なくいろんなことができるし、VRヘッドセットをつければ目にしたことのないようなビジュアル世界が広がる。

ゲームひとつとっても、前者と後者とでは必要とされる知識やスキルが桁違《けたちが》いに異なる。そう考えると、君たちがいかに広く複雑な世界に身を置いているかがわかるだろう。

これは社会で生きることにおいても同様だ。仕事の業務内容にしても、かつてとは比較にならないくらいのことが求められる。だから、次から次に新しいことをやらなくてはならなくなっているのだ。

親もこうした風潮に敏感に反応している。

イー・ラーニング研究所の調査では、親に対して「子供の将来に不安を抱いていますか」という質問をしたところ、80％の親が「はい」と答えている。次は、その理由だ。

1位　変化の多い時代を生き抜けるか。
2位　グローバル人材になれるか。
3位　キャッシュレス時代における金銭感覚が身につくか。

親は拡大する格差にわが子が振り落とされることに怯《おび》えているのだろう。だからこそ、グローバル社会の中で競争に勝てる能力を子供たちにつけてほしいと切実に願っているのだ。言わば、企業、国家、学校、そして家庭がタッグを組んで、君たちにあの手この手で新しいことを学ばせようとしているのである。

だが、当の君たちからすれば、それに応えるのは決して容易いことではないはずだ。人によっては、過度のプレッシャーを感じていたり、「自分は無理」と早々とあきらめたりすることだってあるにちがいない。

少なくとも僕だったら白旗を上げるだろう。遊びたい年頃に、そんなことを強いられても、応えたくもないし、応えることもできない。

そんな時、大人は決まって言うだろう。

「将来どうなってもいいの？」

いいわけがない。でも、課されることすべてに１００％応えるのは無理に決まっている。

では、グローバル化にともなって格差が拡大しつづける時代の中で、君たちはどのように生きていくべきなのか。次章ではそのことについて考えたい。

第2章

貧困と格差をどう乗り越えるか

子供に降りかかる新しい教育

現在の社会では、子供たちは非常に高いレベルの知識やスキルを身につけるよう求められている。

それらを子供たちに身につけさせるのは学校の役割だ。だが、学校は果たして君たちが世界に打って出るに十分な教育をしてくれる場所だろうか。

実は、学校の授業のコマ数は、昔と今とではほとんど変わっていない。にもかかわらず、やれプログラミングだ、やれＳＤＧｓだ、やれキャリア教育だ、やれ金融教育だと、新しい教科が増えたらどうなるだろうか。

既存の教科はもちろん、新しい教育すら中途半端になる可能性がある。今の学校の教育は、まさにそういう状態にあるのだ。

では、こうした新しい教育は、子供にとって有害なのか。かならずしも、そういうわけではない。

学校で完璧《かんぺき》に教えてもらえなくても、学校の外で学ぶ方法がある。君たちが暮らす町にはパソコン教室やプログラミング教室があるだろう。外国語に至っては英会話はもちろん、韓国語、スペイン語、中国語、フランス語など様々な言葉を学習することができる。金融教育にしても、キッズファイナンス教室で学ぶことも可能だ。

もちろん、学校の中には効率よく子供たちにそれらを学ばせているところもある。私学の中には、企業と組んで授業以外の時間で金融のノウハウを身につけさせる、音楽や美術の授業にICT（情報通信技術）を組み込む、学校イベントの中に第2外国語の習得や国際交流を入れるといったことを行っているところも多い。こういう学校に通っていれば、自ずと様々なスキルを習得することができるかもしれない。

だが、ここに落とし穴がある。すべての子供がそうしたことをできるわけではないという点だ。

こうしたことをやろうとすれば、高額な費用が発生する。習い事として学べば月謝が必要だし、自宅でやろうとしても教材費がかかる。最先端の教育を導入している私学に通うには、多額の学費が求められる。

日本では、子供を一人前に育てるために、いくらぐらいの費用が必要とされるのだろう。

一般的に言われているのが、子供に週に何度か習い事をさせた上で、中学受験を経て大学を卒業させるとなると、2000万円ほどかかるということだ。

これは習い事や学校の学費などの教育費であり、食事や衣服などの生活費は別だ。1年あたりだと、学年によっても異なるが平均して年間100万円強となる。子供が3人いれば、年間300万円を超える計算だ。

日本の平均年収を思い出してほしい。正規雇用の社員の平均年収は508万4000円、非正規雇用は197万6000円だ。住宅ローンを含めた生活費とは別に、それだけのお金を払える家庭がどれだけあるだろう。

図2−1 貧困の連鎖

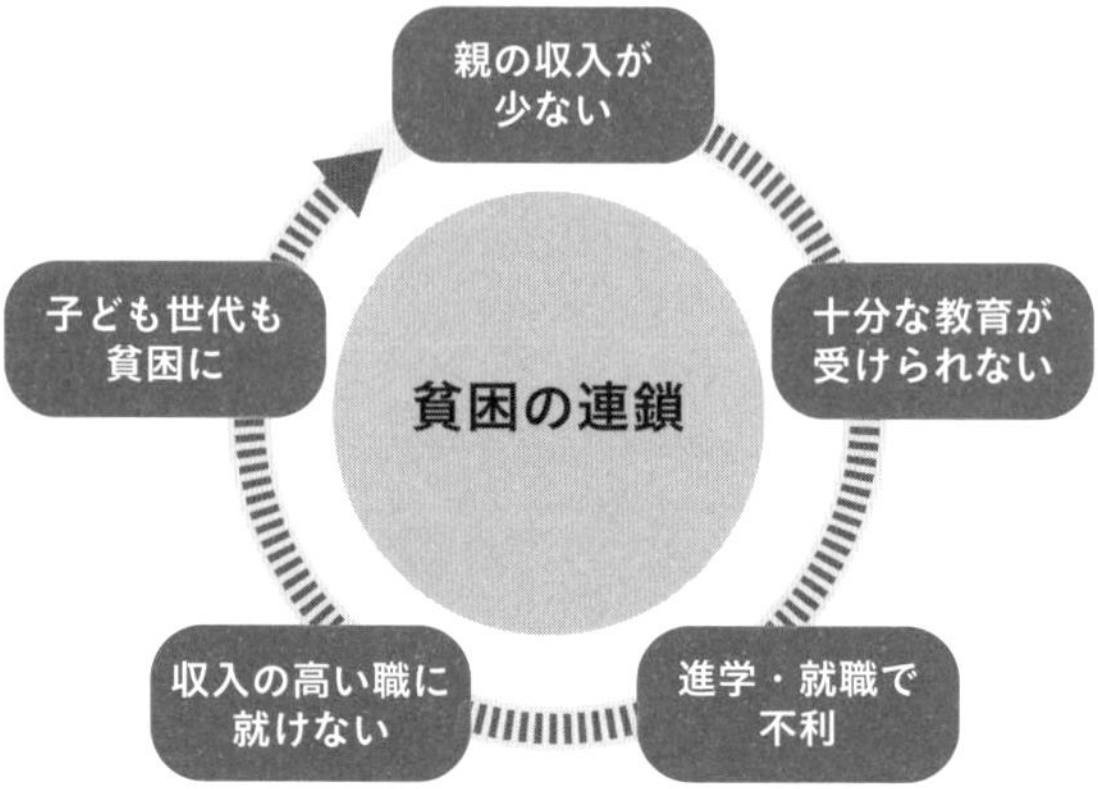

渡辺由美子『子どもの貧困』水曜社、2018

ここから言えるのは、子供にグローバル人材への道のりを歩ませようとすれば、それだけの費用がかかるということだ。本人の意識や創意工夫で乗り越えることはできるかもしれないが、低所得の家庭の子供が経済面でハンディを負っているのは事実だ。

君たちは「**教育格差**」という言葉を聞いたことがあるだろうか。

経済的に豊かな家の子供は高い教育を受けることができて、そうでない子供は十分な教育を受けられないことだ。生まれた家によって受けられる教育に差が出るというのは不平等だが、日本人の実に2人に1人が教育格差を感じているという統計もある。

こうしたことが何を生むかと言えば、親から子へとつながる「**貧困の連鎖**」だ。世間でいわれる貧困の連鎖は、図（2−1）のような形で連鎖するとされている。

まず、家庭が困窮していれば、子供は必要な教育を受けることができない。それによって学習意欲の低下が起きて、進学・就職が不利になる。その結果として低収入の仕事に就く。こうした人たちが結婚して家庭を築いても、経済的に苦しいので子供の教育にお金をかけてあげることができない。ゆえに、その子供も同じように困窮する。この一連の流れが、貧困の連鎖と呼ばれるものだ。

ただし、これは貧困が生み出す表層的な問題でしかない。君たちにはもう一歩踏み込んで、深いところで貧困が子供たちに与える影響について考えてもらいたい。それは貧困が持つ複雑さを理解することでもある。

外から見えにくい子供の貧困

貧困と聞けば、多くの人は生活に苦しんでご飯もまともに食べられない光景を思い浮かべるかもしれない。

たしかに日本には3食まともに食べられない家庭が少なからず存在する。だが、様々な福祉制度や支援があることによって最低限度の生活は保障されており、途上国のように人が飢えて死んでしまうとか、栄養失調で動けなくなるといったことは稀《まれ》だ。

これまで僕は世界中の貧しい子供たちに会って話を聞いてきたが、日本の貧困が生み出すのは、肉体的な問題より、精神的な問題の方が大きい。具体的に、子供たちが貧しさによって直面する「**貧困の5つの困難**」を示したい。

1　**金銭の困難**　塾など習い事をさせてもらえず、文房具代さえ払ってもらえない。

2　**生活環境の困難**　エアコンがない、勉強机がない、電気・水道が止められている。

3　**健康の困難**　劣悪な環境から、健康リスクが高まる。

4　**人間関係の困難**　貧しいことへの劣等感から、社会とつながろうとしない。

5　**精神の困難**　自暴自棄になり、将来への希望が抱けない。

先ほど見た貧困の連鎖は、主に1の「金銭の困難」を軸としたものだ。だから、国などが予算をかければ、連鎖はそれなりに予防できるとされている。

僕がもう一歩深く考えてほしいと述べたのは、1以外にも2〜5のような困難も発生する事実を知ってもらいたいからだ。これから挙げる例を大袈裟《おおげさ》と感じる人もいるかもしれないが、僕自身が実際に目にしてきたことだ。

まずは2の「生活環境の困難」だ。

2DKのアパートに一家5人が暮らしている光景を思い浮かべてほしい。親は生活費を抑えるために、エアコンの使用を禁止しており、トイレを流すのは日に3回までとしている。食卓も、勉強机も、Wi-Fiもない。夜は床にマットレスを敷いて眠るだけ。

これでは家で勉強するどころか、テーブルでの食事の仕方だとか、トイレを流すといった基本的な習慣さえ身につかない。夏の暑さや冬の寒さに耐えられず寝不足になれば、朝起きて学校へいくことさえままならないだろう。テレビもWi-Fiもなければ、入ってくる情報は限られたものになってしまう。

彼らが学校へ行ったとして、他の子供たちと対等に付き合っていけるだろうか。いろんなところで常識のズレが生じるし、同じ条件で遊ぶことができない。場合によっては、「いつも同じ服を着ている」「話が通じない」「学校をさぼっている」と見なされていじめに遭うことだってある。生活環境の困難は、家庭だけでなく、外においても子供たちに様々な弊害をもたらすのだ。

次に3の「健康の困難」を見ていこう。

このような子供たちは体を壊すことが珍しくない。健康を維持するには、規則正しい生活と、十分な栄養と、ストレスの解消が必要だが、彼らの生活は明らかにそれに逆行しているからだ。寝不足が常態化する中で栄養のある食事をとることができなければ、子供たちの免疫力は弱まるし、非衛生的な環境で過ごしていれば、感染症にかかりやすくなる。勉強や人間関係がうまくいかなくなることで、過度のストレスがたまることもある。こうしたことが子供の健康リスクを高めるのだ。

生活面と健康面での困難の次に考えたいのが、4の「人間関係の困難」である。

子供は、生活や健康で不利益を被ると、自分自身に対して劣等感を抱くようになる。

ゲームやスマホを持っていないことをバカにされる、外に遊びに行ったところで自分だけコンビニでお菓子やジュースを買えない、部活動をするにしてもスパイクを買ってもらったり、合宿に参加したりすることができない……。

一旦《いったん》こうした劣等感を抱くと、子供は他の人とつながることに怖《お》じ気《け》づいてしまう。友達の輪から外れ、自分が劣等感を抱かずに済む同じような立場の子供としか付き合わなくなる。人間関係を狭めることは、その子の世界を狭めることにつながる。

最後に見ていくのが、5の「精神の困難」だ。

子供たちが人との関係を断ち、孤独感を深めると、どんどん自己否定感を膨らませていく。「自分なんてがんばっても仕方がない」「もうどうでもいいや」というのが口癖のようになり、努力をしなくなる。最初からあらゆることをあきらめてしまう。

彼らがマイナス思考になるのは、親の不遇を見てきた影響もあるだろう。もし彼らの親が格差を克服することができず、何年も泥水をすするような生活をしていたとしたらそれを嫌というほど見聞きしてきた子供は、社会に出ることに希望を抱けなくなってしまうのだ。

1〜5を見ていくと、貧困というものが子供たちに様々な困難を引き起こすことがわかるだろう。

僕は貧困を「**心のがん**」と呼んでいる。それは**心の奥底に巣くい、だんだんと大きくなっていき、やがてその人を内部からむしばむことがある**からだ。

君たちは、第1章で1990年代以降に日本社会で格差が拡大していったことを知ったはずだ。大勢の人たちが時代の波に抗《あらが》えずに苦しい生活を余儀なくされていった。その結果、子供たちが受けている不利益がこのようなものなのだ。

——子供の7人に1人が貧困。

統計を一瞥《いちべつ》しただけでは、何を意味するのかよくわからないかもしれない。しかし、格差社会の中で子供たちが直面している困難とは、これほどまでに大きなものなのだ。

にもかかわらず、子供の貧困の問題はなかなか外部からは見えにくい。当事者の子供がその現状と苦しみをきちんと自覚し、言葉にしてSOSを出すことが少ないからだ。

なぜなのだろう。

多くの子供たちは、自分の家の生活が苦しく、1の金銭の困難にあることは気がついている。だが、それを放置していることによって2～5のような不利益を被ることまでは理解していないし、そもそも誰にどう頼めば支援を得られるのかをわかっていない。だから、直面しているリスクの大きさに無自覚なまま困難な状況を受け入れ、気がつかないうちに取り返しのつかない事態にまで陥ってしまうのだ。

そんな子供たちに必要なことは何か。

自分たちが瀕《ひん》しているリスクをきちんと把握した上で、社会にどのような支援システムがあり、それにつながることがいかなるメリットを生むのかをきちんと理解することだ。

貧困支援のセーフティーネット

現在の日本には、低所得の家庭の子供たちを支援する社会的資源はそれなりに整っている。ただし、それぞれがバラバラに行われていることで、全体像や個別の取り組みを把握するのが難しくなっている。

貧困支援は大きく「国」「市町村」「民間」の3つの取り組みに分けられる。それぞれがいくつもの事業を行っており、多様な形で子供を支えようとしているのだ。代表例を見ていこう。

・国の制度としての支援

児童手当　子供が中学を卒業するまで毎月支給される手当
児童扶養手当　18歳までの子供を持つひとり親家庭に支給される手当
各種免除・割引　国民年金、国民健康保険の支払い免除や、上下水道料金の割引
就学援助制度　低所得家庭が負担している小中学校の学用品費や給食費の一部を援助

・市町村や半民半官の支援

居場所　自治体や社会福祉協議会がつくる子供の居場所
食材配給や調理代行　市町村や児童相談所などが食事や家事の一部を負担する
見守り支援　児童館や公民館で行われる大人の見守り

学習支援　学校をはじめ市町村や社会福祉協議会が学習支援を行う

・民間団体の支援

子供食堂　NPOなどが無料で食事を提供したり、食材を与えたりする
無料塾　ボランティアの人たちが、学習塾の代わりに無料で勉強を教える
子供の一時預かり　親の代わりに一定時間子供を預かる
学生服リユース　中古の学生服や学生鞄《かばん》を低所得家庭の子供たちに無償で提供

まず国が行っているのが制度としての支援だ。所得が低く、子供に悪影響が及ぶと判断される家庭に対して、手当を支給したり、税金や上下水道代などを割り引いたりする。ただし、国の制度によるセーフティーネット（安全網）の目はかなり粗い。これらは最低限の生活を保障するものであって、生活の負担を和らげることはあっても、いきなり生活が大きく改善するほどのものではない。また、経済的な問題以外の悩みにはなかなかアプローチできない。

そのため、市町村はもう少し現場に寄り添った形での支援を行う。児童館や学校が生活に困窮する子供たちを発見して公的支援につなげる、市町村が独自で居場所をつくって相談に乗るといったことが行われているのだ。目に見える関係の中で、リアルな支援がなされているのである。

とはいえ、市町村の取り組みには不十分なところもある。市町村や外郭団体の職員が「業務」として行っているため、きめ細やかな対応が難しいという側面があるのだ。勤務時間が午前9時〜午後5時であれば、夜は窓口が閉まるし、決められた予算や事業の範囲でしか活動できないので、かゆいところに手が届かないということが起こる。

その部分を補うのが、NPO法人（特定非営利活動法人）など民間団体による支援だ。資金こそ乏しいが、メンバーは熱意で動いている。ほとんどがボランティアで、国や市町村の職員より、もっと近く深いところで子供たちとつながろうとしている。

彼らが運営する子供食堂や無料塾には、市町村が行っている事業のような縛りはほとんどなく、しっかりと個人の悩みに向き合ってくれる。また、貧困支援事業とは関係のないこと、たとえば友人関係の相談や、趣味に関する相談などにも快く乗ってくれる。

このように見ていくと、国の大きなくくりでの支援、市町村が行う中規模の支援、そして民間による細かな支援が社会にちりばめられていると言えるだろう。それぞれが、それぞれの特徴をもって子供たちの生活を支えようとしているのだ。

では、子供たちがどのような支援で、どのように生活が変わっていくのか。具体例を見ていきたい。

三田凛香（仮名）は、3人姉妹の末っ子だった。育ったのはごく普通の家庭だったが、小学5年生の時に両親が離婚。母子家庭で育つことになった。

離婚当初、母親は前夫から離婚の慰謝料や養育費をもらっていたので、それなりの生活を維持できていた。だが、独り身になった寂しさがあったのか、パチンコにはまってしまい、多額のお金を浪費するようになった。

貯金はあっという間に底をつき、1年ほどでマンションから安価なアパートに引っ越すことになった。悪いことは重なるもので、離婚した父親からの月々の養育費も止まった。

大学生の姉2人は、そんな母親にあきれ果てて家を出ていった。だが、小学生だった凛香は、母親と暮らすしかなかった。

母親は生活保護を受けたが、パチンコ通いは止まらなかった。依存症になっていたのだろう。生活保護のお金が入ればすぐにパチンコにつかってしまい、支給日の1週間前は食事は給食だけということも珍しくなかった。

家では母親が不在がちだったので、凛香は市が運営するフリースペースによく行っていた。そこには音楽スタジオやダンスフロアなどもあり、中高生が多く集まっていた。彼女は職員と仲良くなり、時には相談に乗ってもらうこともあった。

ある日、職員の女性が凛香にこう言った。

「家にいてもお母さんのせいで嫌な思いをするだけなら、私の知っている人が働いているNPOを紹介しようか？」

市が運営する施設では、子供に対してできるサポートに限界がある。彼女は凜香の事情を考慮し、よりきめ細やかな対応ができるNPOを紹介したのだ。

紹介されたNPOでは、子供食堂と無料塾の事業を行っていた。前者は、週2回子供たちと一緒に料理を作り、みんなでそれを食べる。後者は、午後5時〜9時に施設を開放してボランティアによる学習支援を行っていた。

凜香はフリースペースの職員から知人を紹介してもらったこともあって、すぐに溶け込んだ。大学生のボランティアスタッフも多かったので、何でも気軽に話したり、相談したりできた。

1年が経つ頃には、凜香は施設に集まる同年代の人たちとともに「アニメ・コンピューターサークル」を立ち上げたり、地元の大学の留学生との交流イベントを開催したりした。NPOを支援している地元の企業と職業体験をしたこともあった。

もともと凜香は積極的な性格だったが、NPOに参加する大人たちに刺激されてさらに活発になった。それが彼女自身にも良い影響をもたらしたことは想像に難くない。

高校進学にあたって、力になってくれたのもNPOのスタッフだった。彼らは学費のことを心配する凜香に、国の支援制度があることを教え、母親を呼んで利用するよう説得してくれた。学習指導のボランティアの中には元高校教師もおり、受験前の数カ月はほとんど毎晩マンツーマンで勉強を見てもらった。

お陰で、第1志望の公立高校に合格。その後、凜香はボランティア部に入り、在日外国人との交流を行った。NPOに出入りしていたことで、支援活動に関心を抱くようになっていたのだ。ボランティア部では、文化祭で異文化紹介イベントをしたり、オンラインで海外の高校生と交流したりした。

学校の先生は、そんな凜香に感心し、無料で短期留学できる制度を紹介してくれた。これによってますます彼女は語学力に磨きをかけ、そこで知り合った他校の生徒ともつながりを持つようになった。

NPOはそんな凜香の活躍に感心し、高校生スタッフとして協力してほしいと打診した。凜香は恩返しのつもりで引き受け、子供食堂や無料塾の手伝いだけでなく、ボランティア部とNPOの小中学生が共同で行う国際交流イベントを開催した。

現在、凜香は高校3年生になっている。相変わらず家計は厳しいが、奨学金を利用して大学進学を考えているそうだ。専攻は国際関係と決めているらしい。

凜香の事例からわかるように、日本には様々な支援機関が存在する。**社会にはセーフティーネットが張り巡らされており、それを上手に利用することで格差によって被る不利益を最小限に減らすことができる**のだ。

君たちも一度は地域の児童館に行ったり、子供食堂のことを聞いたりしたことがあるだろう。もしかしたら、そこを単なる「放課後に遊ぶ場所」「ご飯をくれる場所」とだけ考えていたかもしれない。しかし、それはあくまで入口にすぎず、職員やスタッフは支援の専門知識を持っており、困っている子供がいれば問題解決のために個別に力を貸してくれたり、別の支援につなげてくれたりする。

重要なのは、君たちがそのことをきちんと把握しておくことだ。そうすれば、いざ困ったことが起きた時、その中から自分がもっとも頼りやすいところへ行き、力になってもらえる。あるいは、困っている友人についての相談にも乗ってもらえる。

凛香の場合は、フリースペースの職員に相談する中で、NPOを紹介され、そこから様々な支援制度の利用へとつながった。そのために、健康や人間関係や精神の困難といった問題を雪だるま式に抱えてしまうのを回避することができたのだ。

もちろん、施設や団体によって、それぞれ特色があったり、得意不得意なことがあったりする。何より、子供たちにとっても相性があるだろう。だからこそ、支援の窓口をたくさん知っておく必要があるのだ。行ったところが合わないと感じたら、別のところへ行けばいい。選択肢は多ければ多いほどいいのだ。

選択肢の中から選ぶことの重要性

すでに見てきたように、グローバル社会の中で君たちに求められていることはかつてないほど多くなっている。世界的な競争を勝ち抜くには、多岐にわたって高いスキルを持っていなければならない。

ここまで読んできた君たちの中には、社会の支援に頼っても、持てる者と持たざる者との差は完全には埋められないのではないかと考えている人もいるかもしれない。

たしかに裕福な家庭の子供たちは幼い頃からいろんな体験をし、恵まれた環境で教育を受けられる。その過程で彼らはいろんなスキルも手に入れられるかもしれない。

他方、先の凛香のように途中で支援につながったとしても、中学時代までにできる経験は限られている。そうなれば、裕福な家庭の子供と比べると、どうしても不利益を被ることになる。少なくとも多くのスキルを身につけるという点においては、不利な状態にあることは確かだ。

そこで、立ち止まって冷静に考えてほしいことがある。

社会がどんどん複雑になっているとはいえ、子供たちは社会が求めるあらゆる知識や技能を身につけなければ、本当に競争に打ち勝つことができないのだろうか。

大前提として、多くの知識や技能を得ることはまちがいではない。だが、多ければ多いほどいいのかと聞かれれば、決してそうではない。僕は、たくさんある選択肢の中から、君が何を選択するかの方が重要だと思っている。

たとえば、日本にソニーというグローバル企業がある。同社には外国籍の従業員も多く、世界規模でのビジネスを行っているので、同社でそれなりの地位に就いて働くには、TOEICの点数など様々な知識やスキルが必要になる。そういう意味では、僕らがイメージするグローバル人材になる必要がある。世界を飛び回り、行く先々でプレゼンテーションやネゴシエーション（交渉）をし、社交場で高い教養を示すことが求められる場面もあるかもしれない。

では、ソニーやその関連企業の社員として働くには、本当にたくさんの知識や技能を持つグローバル人材しか働いていないのだろうか。

同社の主力事業の1つにゲーム事業がある。プレイステーションをはじめとした家庭用ゲーム機は世界1位のシェアを誇り、膨大な利益を生み出している。

この事業には、ゲーム機やソフトの開発をする人たちがたくさんかかわっているが、みんながみんな多くの知識やスキルを備えたグローバル人材というわけではない。

たしかに、同社が開発したゲーム機やソフトを海外に広めたり、海外のゲームソフト開発会社との交渉を担当したりする社員には、語学力、プレゼン力、広い教養など様々な力が必要だろう。

だが、ゲーム機やソフトを開発する現場にいる人たちはどうか。プログラミングは得意だけど人としゃべるのが苦手だとか、学生時代は不登校で家にこもって漫画ばかり読んでいたとか、株式投資なんてまったく興味がないといった人だってたくさんいる。むしろ、そういう人の方が多いかもしれない。

グローバル企業の主力事業にかかわるからといって、かならずしも世間で言われるようなグローバル人材である必要はないのだ。仕事の内容によっては、いろんなことを器用にできる人より、不器用でも一芸に秀でている人の方が重宝される。

こう考えてほしい。

ビジネスがグローバル化するというのは、ビジネスが1人の手では負えなくなるということだ。ゲーム開発にしても、海外の企業と様々な交渉をする人は、広い知識とスキルを持った人であるべきだろう。

一方、開発現場ではキャラクターを造形する人、ストーリーをつくる人、BGMを考える人といったように細かく担当が分かれている。その細分化した世界の中では、専門分野に特化している人が適任だ。

つまり、グローバル企業とは、多くのことができる器用な人から、一芸に秀でた専門家まであらゆる人を要する集合体なのだ。そういう意味では、求められている人材とはかならずしも前者だけでなく、後者も同じくらいに必要ということになる。

君たちの中には、「いやいや、評価されるのは器用な人の方でしょ。開発者なんて下請けがほとんどじゃん」という人がいるかもしれない。本当にそうだろうか。ソニー本社のそこそこの管理職より、ヒットゲームをつくりだしたクリエイターの方が明らかに世間的な評価や収入は高いはずだ。

君たちに覚えておいてもらいたいことがある。

学校の授業が対象としているのは、不特定多数の子供たちだ。だから、多くの知識や技能を満遍《まんべん》なく一通り教えようとする。

しかし、君たちはそれらをすべて吸収して万能な人間になる必要はない。重要なのは、自分に合ったものをいくつか選別し、時間をかけて磨き上げていくことなのだ。

先のゲームクリエイターの例を考えてほしい。彼らがやっているのは、まさに自分のやりたいことに応じて必要なものを取捨選択し、それを深めていくことだろう。だからこそ、一芸に秀でた専門家になることができる。

そう考えると、もしあれもこれもと勉強して息苦しさを感じているのならば、考え方を変えて、自分の専門を確立することを目指すべきではないだろうか。

自発性が格差を乗り越える原動力になる

専門家になれと言われても、たくさんの選択肢の中から、何をどう選べばいいかわからないと思う人も少なくないだろう。実際に世の中にある資格をすべて並べられて、好きなだけ選んで取得していいと言われても、大半の人は困惑するはずだ。

だから、人によっては、先生や親から「これを学びなさい」と言ってくれた方が楽だという人もいる。大人の言うことは大きく間違っていないし、自分で考える手間が省けるからだ。だが、ここに落とし穴がある。

大人が勧めるのは、最大公約数のように「何となく、みんなにとって良いもの」だ。万人にとっておおよそ取得した方が良い資格、おおよそつかえるスキル、おおよそ安定している仕事だ。だが、多くの人がやっていることをやっても、人と差をつけるのは容易ではない。

外国語で考えてみよう。外国語を何か1つ選択しなければならなくなった時、大半の親は「英語か中国語をやれば?」と言うだろう。おおよそ、どこでも通じる言語だからだ。逆に、

「モンゴル語を勉強するべきだ」と勧める親はほとんどいない。

では、社会に出た時にどちらが武器になるだろうか。

意外に思うかもしれないが、それはモンゴル語だ。英語や中国語ができる人はごまんとおり、同時通訳ができるようなレベルであってもなかなか武器にはならない。一方、モンゴル語を使いこなせる日本人は稀であるため、日常会話レベルであっても重宝される。

そう考えれば、学校や親が示すことに従っているだけでは不十分だということがわかるだろう。

とはいえ、たくさんある選択肢に悩む気持ちもわかる。そんな人たちが正しい選択をするために必要となるものがある。**自発性**だ。

自発性とは、誰かから押し付けられるのではなく、自ら進んで物事に取り組むことをいう。これこそが、君があらゆる格差を乗り越え、たくさんの選択肢の中から自分にとって必要なものを選ぶ原動力となるのだ。

具体的なイメージを持ってもらうために、『ロケットボーイズ』という1冊の本を紹介したい。NASA（アメリカ航空宇宙局）のエンジニアになったホーマー・ヒッカムの自伝だ。

この本は、アメリカの学校の教科書にも使用されている上に、ハリウッドで『遠い空の向こうに』と題して映画化もされたので、知っている人もいるかもしれない。大まかな内容はこうだ。

アメリカのウエストバージニア州に、炭鉱で成り立っている小さな町があった。住民たちの大半は炭鉱労働者であり、朝から鉱山に入り、真っ黒になって石炭を掘り起こす仕事をしていた。みな低学歴で、性格が荒く、危険と隣り合わせで働いていた。

ホーマーが生まれたのもそんな炭鉱労働者の家だった。父親は息子のホーマーも自分と同じ仕事に就くものと決めつけ、それ以外の道を考えることもしなかった。だが、ホーマーはソ連が打ち上げた人類初の人工衛星スプートニクに魅了され、友達と一緒に「ロケットボーイズ」を結成し、ロケットを手製でつくり上げる計画を立てる。

教養のない父親や町の大人たちは嘲笑《あざわら》ったが、先生だけは理解を示して資料を集め、ロケット開発に必要なことを教えてくれた。ホーマーたちは決して優秀な学生ではなかったが、自分たちのやりたいことだけは必死になって勉強し、議論を重ねながら試行錯誤を重ねていく。

ホーマーたちがロケット開発に夢中になればなるほど、父親や周囲の人々はあからさまに反対した。おまえは炭鉱労働者になるのだから、ムダな勉強なんてやめるべきだ、と。生活困窮や、開発の失敗に直面するたびに、身の丈に合ったことをして家計を支えろという圧力をかけられる。

だが、ホーマーは仲間と励まし合って、時には隠れてまでロケット開発の勉強をして技術を磨いた。そして山火事、炭鉱での事故など様々なトラブルを乗り越え、ついに手製のロケットの開発に成功。ナショナル・サイエンス・フェアで金賞を受賞し、その後は炭鉱の町を離れて大学へ進み、NASAのエンジニアになって本物のロケット開発の仕事をするようになるのである。

この実話は、2つの大きく重要なことを教えてくれる。

1つ目は、**どんなにひどい格差の中にいても、素晴らしい仲間に恵まれることで、子供が自発性を身につける可能性が格段に広がる**ということだ。

ドイツ出身のノーベル賞作家のトーマス・マンは、「若さとは、自発性のことである」という名言を残している。若い人は何にも縛られていないからこそ、自由な発想と希望を胸に無我夢中でそれに突き進むことができるということだ。

大人たちが古めかしい考え方に縛られ、既得権益に甘んじている一方で、若い人は自発性を持って自由な発想や動きができる。それこそが若い人の特権であり、世界を新しいものにしていく武器なのだ。

ところが、日本では必ずしも多くの子供たちが自発性を発揮できているわけではない。社会、学校、家庭からの圧力によってそれを消されてしまうことがある。

君たちの中には、何かをやりたいと思っていても、先生や親の顔色をうかがって断念したことのある人もいるのではないだろうか。あるいは、学校や家庭でいろんなことを押し付けられているうちに、自分でも何が好きなのか、何をやっていいのかわからなくなっている人もいるのではないか。

こういう人たちは、社会の圧力によって自発性を封じ込まれてしまっていると言える。せっかくの若さゆえの特権が殺されているのだ。

しかし、ホーマーは違った。彼はロケット・ボーイズの仲間たちや教員といった理解者を味方につけることによって圧力に屈することなく自発性を膨らませていった。そして実績を出し、親を納得させ、本当にＮＡＳＡのエンジニアになってみせたのだ。

こうしてみると、味方になってくれる友人を見つけることの重要性がわかるのではないだろうか。理解者を集めることができれば、自発性はどこまでも大きくなり、不可能だと思われることも実現可能になるのだ。

２つ目として挙げられるのが、**自発的に生まれた興味や目標を追求すれば、自《おの》ずと成功に必要なものは身につく**ということだ。

すでに述べたように、君たちの周りには新しい教育がごまんと溢れており、何をどうすればいいかわからない状況に陥《おちい》っているかもしれない。大人に尋ねれば、「すべて必要」だという答えが返ってくるだろう。

だが、それらはあくまで選択肢であって、すべてを身につける必要なんてない。その時にもし君たちが自ずから求めれば目標の達成に必要なものが見えてくる。

ホーマーの場合だと、彼はロケット開発という目標を立てた。その時に彼がやったのは、学校の勉強をくまなくすることではなく、ロケットをつくるために必要な知識とスキルを身につけることだった。目的から逆算して、いくつもある選択肢のうち自分にとって必要なものだけをやっていったのだ。

こうした勉強法は、ホーマーの理解度、習得度を著しく高めただろう。人は漠然と与えられたことを学ぶより、自分が好きだと思ったり、必要だと思ったりしたものを学ぶ方が何倍も早く身につく。

君たちだって同じだと思う。大好きなゲームを開発するという目標を持っていれば、プログラミングの技術を早く習得できるし、イギリス人の恋人と話したいという目標を持っていれば、英語は瞬く間に流暢《りゅうちょう》になる。

現在のたくさんの新しい教育の中から、君たち自身が必要なものを選ぶというのは、そういうことなのだ。

もし君たちがこれという目標がなかったり、社会の圧力に苦しんでいたりすれば、思い切って人間関係や生活環境を変えてみてほしい。別の学校の友達でもいいし、NPOの人たちでもいいし、ネットで知り合った同じ趣味の仲間でもいい。新しいコミュニティに身を置くのだ。

コミュニティが自分に合えば、君たちは内に秘めた自発性を開花させることができるようになるだろう。そうしてそれに向かって、たくさんの選択肢から必要なものを選んでいけば、自ずと学ぶこと、生きることは楽になっていくはずだ。

アメリカの教育学者に、ドロシー・ロー・ノルトという人がいる。彼女はこう言っている。

「自分には確かな居場所がある。自分を必要としてくれる場所がある。その安心感があればこそ、人は強く生きられるのです」

変化の激しい怒濤《どとう》の時代だからこそ、君たちはそれに流されるのではなく、自分の居場所を見つけ、そこで自らの意思で物事を選択しながら、生きる力を身につけていくべきなのだ。

第3章

家族のかたちは変わったか

危機に瀕する現代の家族

家庭とは、本来子供たちにとって安心・安全であるはずの空間だ。

幼い子供を見てみればいい。彼らは家庭という安全地帯があるからこそ、そこでいろんなことを学び、徐々に外へ出て新しい人間関係を築いていく。幼稚園や公園へ行き、他人と話をし、友情を育み、だんだんと独り立ちする。

その過程で、子供たちはたくさんの失敗をする。幼稚園や公園の片隅で、子供たちが友達との関係がうまくいかずに泣いている姿を目にするだろう。赤の他人ばかりの集団の中に身を置けば、人と意見が食い違ったり、主張を聞き入れてもらえなかったり、不条理なことに直面したりするのは当たり前のことだ。

そんな時、彼らはベソをかいて一旦家庭という安全地帯に逃げ込む。親に話を聞いてもらう、アドバイスをもらう、シャキッとしなさいと喝《かつ》を入れられる。そして再び外の世界へ行って、他人とうまくやっていこうと試みる。こうしたことの積み重ねの中でだんだんと他人と円滑な関係を築く術《すべ》を身につける。

このように、小学生だろうと、中学生だろうと、本質的に子供にとって家庭というのは安全地帯なのである。言葉を変えれば、家庭とは〝港〟のようなものだ。それがあるから、君たちは船に燃料を入れ、連絡を取りながら航海することができるし、嵐が近づけば慌ててもどることができる。そのくり返しの中で少しずつ独り立ちする力を獲得するのだ。

ところが**今、家庭の安全神話が崩れつつある**。

家庭が子供たちにとって安心して帰ることのできない空間になろうとしているのだ。そして、そのことが子供たちの人生を大きく変えている。

なぜ、家庭から安心・安全が失われているのか。

まずは今の家族がどのように形成されたのかということから考えていきたい。

ほんの数十年前まで、日本人の大多数は大家族の中で生まれ、育ち、働く生き物だった。

昔の農村のような村社会を思い描いてほしい。大きな一軒家の中には、親子だけでなく、祖父母も同居していた。みんなが異なる価値観を持って子供に接していたし、父母が間違ったことをすれば、祖父母が叱《しか》ることもあった。

こうした社会では、家族ばかりでなく、地域の人との関係も濃密だった。祖父母から孫までがみな同じ田畑で働いており、収穫期ともなればその他大勢の村人たちがやってきて力を合わせて作業をする。その間、年上の子供たちは、血縁とは関係なしに、近所の幼子たちの子守をしていたし、家の門やドアは常に開放されていて、誰もが自由に出入りしていた。

日々の暮らしの中では、不都合なこともたくさん起こる。嵐で作物が吹き飛ばされることもあれば、親が病気や怪我《けが》で家事ができなくなることもあるし、家族間の関係がうまくいかなくなることもある。

人は、個人の力だけでそうしたことを乗り越えられるほど強い存在ではない。だから、親族

図3-1　農業就業人口の推移

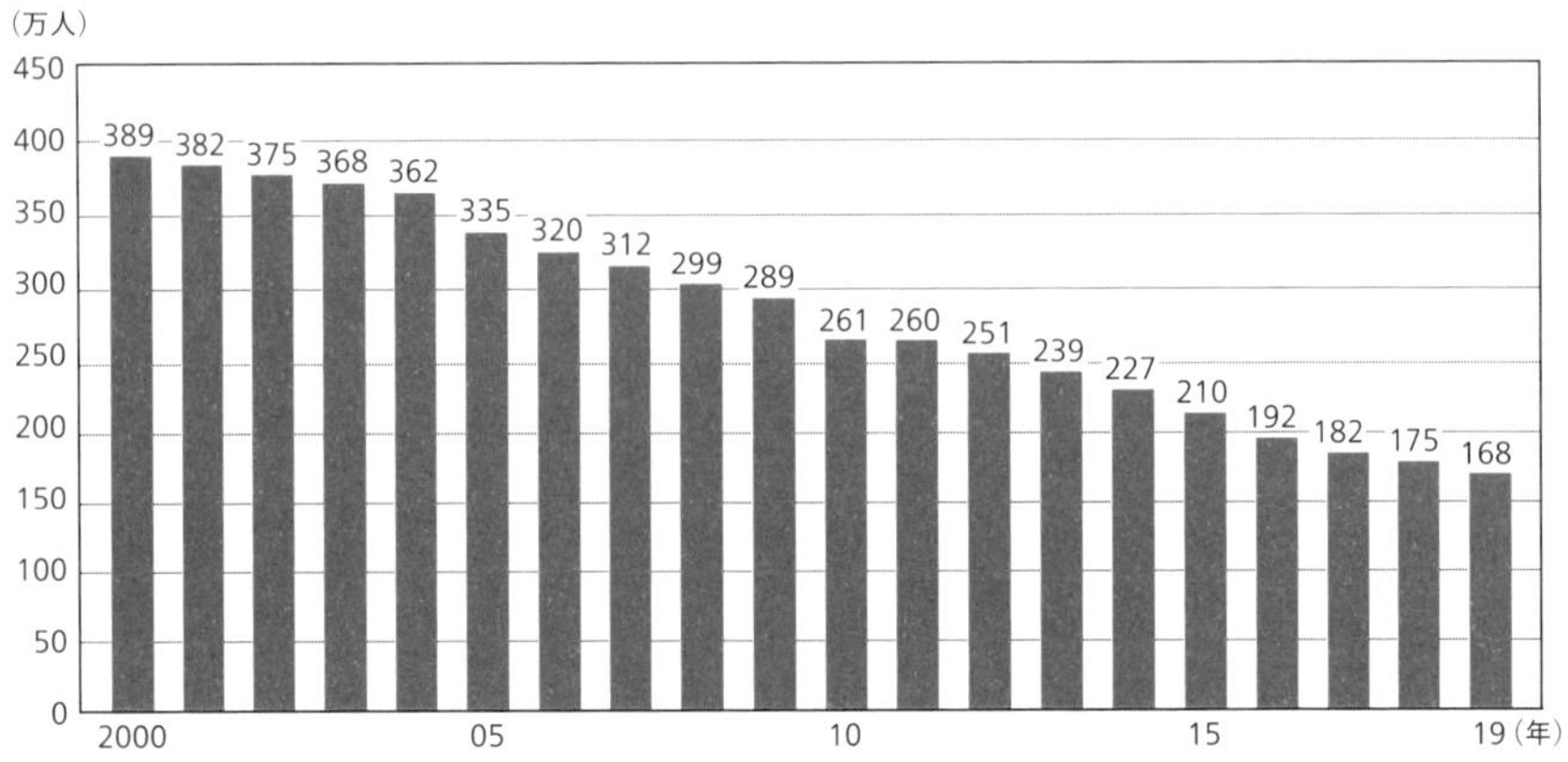

農林水産省「農業センサス」「農業構造動態調査」

だけでなく、地域の人たちと一体になって手を取り合い、困難を克服してきた。大家族とは、親子関係を超えて親戚や近隣住民が家族同然の形で付き合う関係のことだと言える。

人類が誕生してから約500万年間、僕たち人間はオオカミやアリと同じように「群れ」を形成して助け合うことで、命をつないできた。それが人間の生存戦略だったのだ。だが、ほんの数十年前に、その生活スタイルががらりと変わった。若い人が大家族という名の群れを離脱し、都会へ出て核家族を形成しはじめたのである。

日本でこれが起きたのは、明治維新以降の近代化の流れの影響が大きい。人々が村から都会へと移り、産業の歯車となって働き、プライベートでは親と子だけで暮らすようになった。それは戦後の高度経済成長期になって加速度的に進んでいった。

図3−2　長野県における商店街数の推移

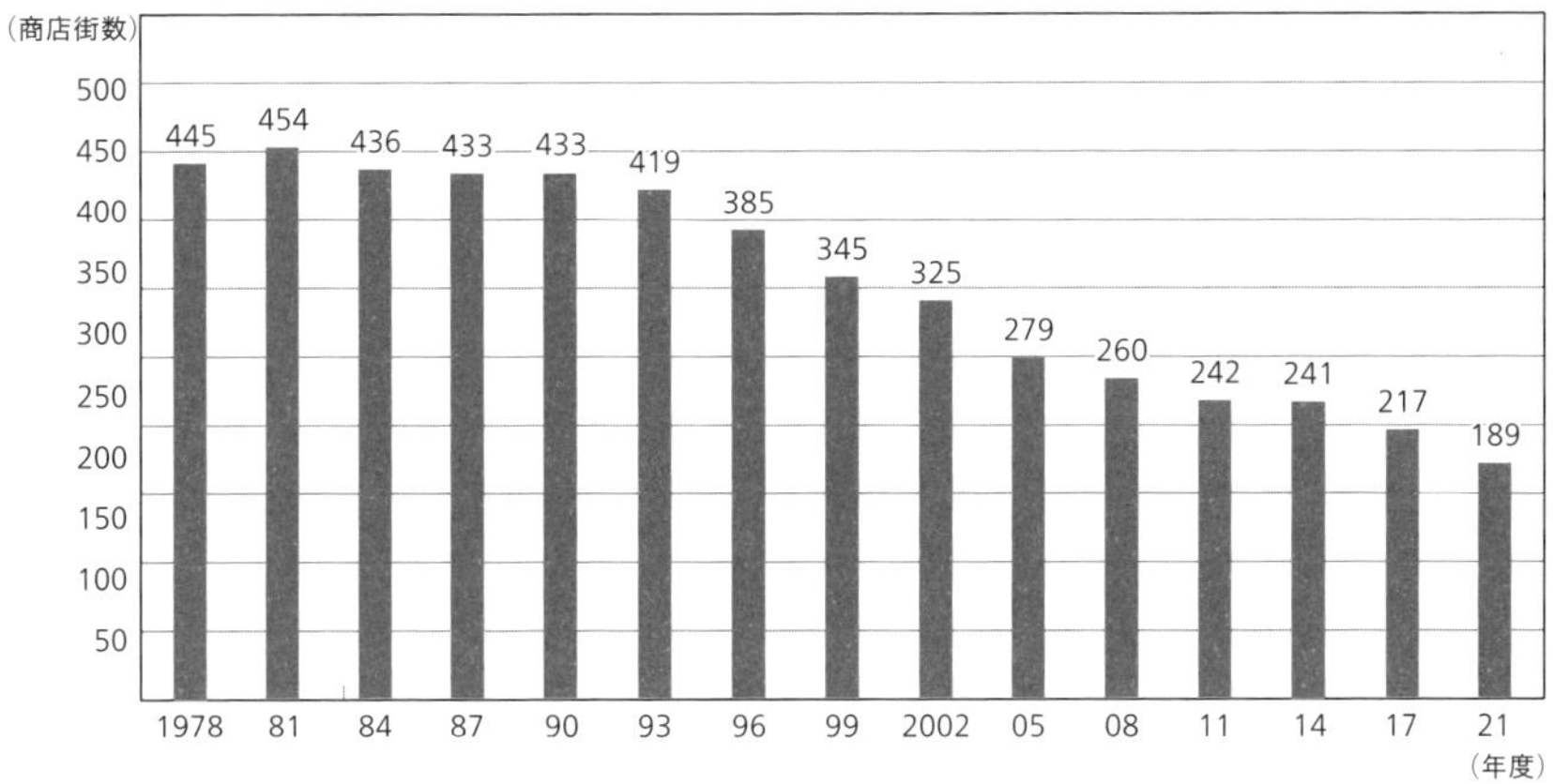

長野県産業労働部『長野県商店街実態調査報告書』(令和3年度版)

当時を象徴する言葉が「集団就職」だ。地方に暮らしていた人が、中学や高校卒業と同時に集団で列車に乗り込み、都市の企業に就職をしたのだ。彼らは恋愛結婚を経て団地に居を構え、三種の神器——洗濯機、冷蔵庫、白黒テレビをローンで買って親子だけの小さな所帯を築いた。

これによって、人々は村や家のしがらみから脱出することに成功した。自分で仕事や結婚相手を選び、働いて稼いだお金で好きなことをして過ごすライフスタイルが実現したのだ。

ただし第1章で見たように、80年代までの日本では、旧来型の大家族の暮らしと、核家族の新しい暮らしが併存していた。大家族の暮らしが向いている人はそこで生きていけば良かったし、そうでない人は都市に出て核家族をつくれば良かった。

だが、90年代以降の全世界を巻き込んで起きたグローバル化がそれを一変した。農家や個人商店に代表される大家族に支えられていた産業が、新しい時代に押されて雪崩《なだれ》を打ったように傾いていったのである。

図(3－1、3－2)を見てほしい。わずか数十年の間に、農家や商店街が一気に凋落《ちょうらく》していったことがわかるだろう。

国勢調査によれば、2021年の時点で家族のあり方は、核家族が59・1%を占めているのに対し、3世代世帯は4・9%にすぎない(それ以外は単身世帯等)。まさに核家族がスタンダードの時代が到来したと言えるのである。

現代の核家族を待つ罠《わな》

考えなければならないのは、こうした社会変化が家族の生活にどのような影響を及ぼしたのかという点だ。

核家族が成り立つには、大きく3つの条件がある。

1つ目が、企業が十分な給与と生活環境を保障することだ。家族にとって安定的な収入は生活の基盤となる。定年まで十分な給料を保障してもらえれば、多少の困難があったとしても、子供を育て上げて独立させることができる。

2つ目が、国が福祉によって家族を支えることだ。人は不慮《ふりょ》の出来事によって病気になった

図3−3 専業主婦世帯数と共働き世帯数の推移

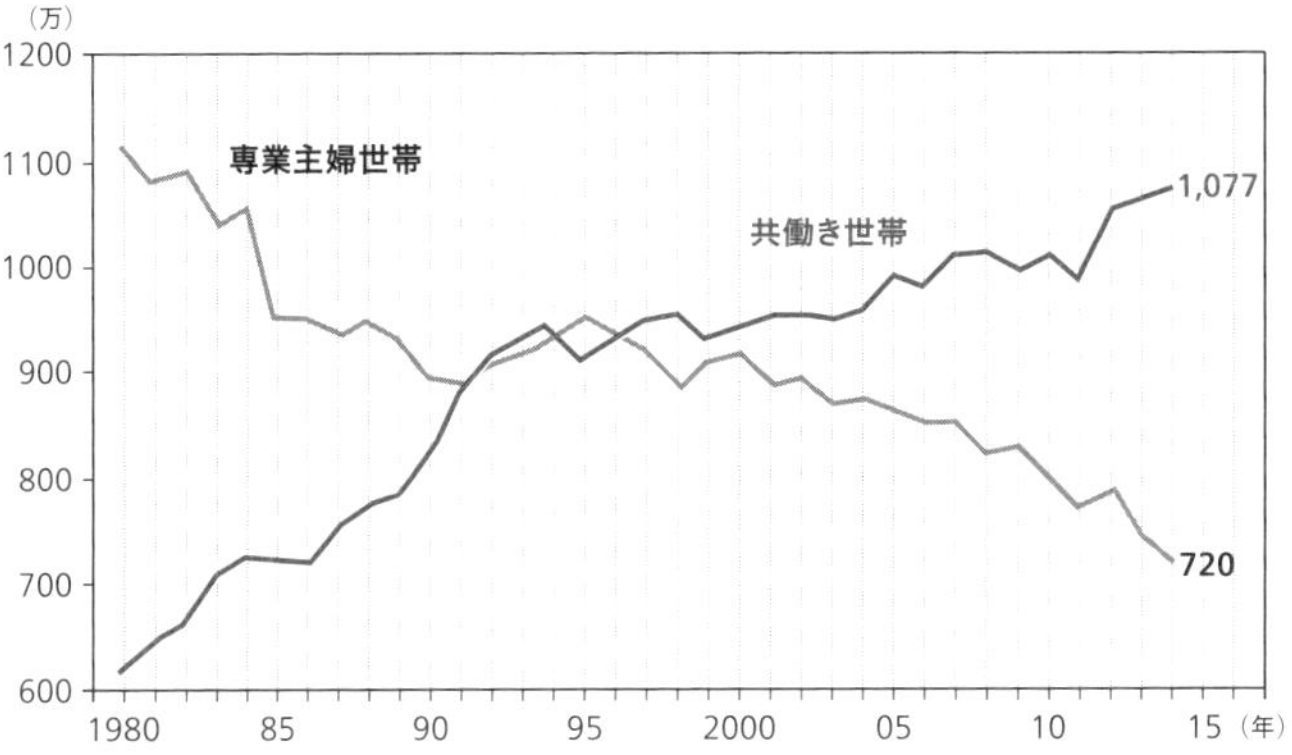

厚生労働白書、男女共同参画白書

り、障害を負ったりすることがある。祖父母の介護が必要になることもあるだろう。そんな時に社会福祉がきちんと機能していれば、家族はそれを乗り越えられる。

3つ目が、企業や国の支援では足りない細かなところを、親族や友人といった近しい存在が補うことだ。福利厚生や法律はかならずしも完璧なものではない。実際にはちょっとしたところで手を借りなければならなかったり、相談に乗ってもらったりすることが欠かせない。そうした細かなフォローがあることが重要だ。

核家族は、大家族に比べればとても小さく脆弱《ぜいじゃく》だが、この3つの条件がそろっていれば、そこそこの困難なら撥《は》ねのけることができる。

だが、90年代以降の格差の拡大は、こうした核家族のあり方を根底から揺るがすこととなった。

企業が十分な給与を払うことができなくなり、年功序列、終身雇用制度が崩れたのだ。そんな状況下で、親世代は1人の収入では生活が立ち行かなくなり、共働きをする必要性にかられた。
図(3-3)を見てほしい。かつて家族の主流は専業主婦世帯だったのが、不景気の只中《ただなか》の90年代半ばから共働き世帯が逆転したことがわかるだろう。

現在、国は「女性の社会進出」をジェンダー(社会的な意味での性差)と絡めて全面的に推奨しているし、僕自身も多くの女性に活躍してほしいと願っている。だがそれとは別に、経済的な理由でやむをえず共働きをしている家庭も少なくないのだ。

共働き家族研究所が、夫婦が共働きをすることになった理由を調査している。結果は次の通りだ。

1位　生活にゆとりをもたせたい
2位　生活を維持するため
3位　住宅ローンの返済
4位　社会とのかかわりが持ちたかった
5位　将来に備えて
6位　自分の能力を生かせる仕事が欲しい

こうみると、4位と6位以外は、経済的な理由で共働きを選んでいることがわかるだろう。
国も共働きを推奨する一方で、こうした事態を把握して制度改革や支援のための予算の割り

図3－4　大企業と中小企業の福利厚生費比較

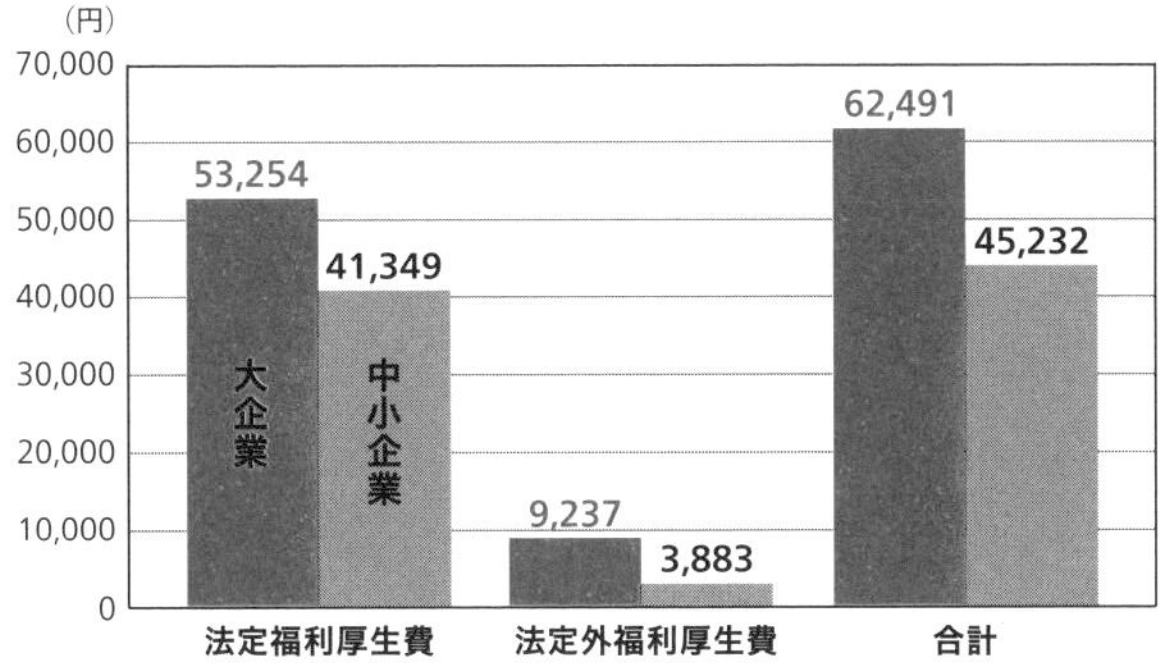

厚生労働省「就労条件総合調査」(2016)
(※) 大企業(従業員1000人以上)、中小企業(同30～100人未満)。法定福利厚生費とは健康保険・厚生年金保険、雇用保険、労災保険、介護保険、子ども・子育て拠出金など法律で定められているもの。法定外福利厚生費とは通勤・住宅、健康・医療、レクリエーション、慶弔、育児・介護など、法律で規定されていないもの。

当てを行ってきた。特に子供がいる家庭では、親が育児にまで手が回らなくなる可能性があるため、男性の育休を推奨したり、保育園の待機児童の解消に力を入れたりして、環境改善を図った。

　ただし、それらが、どれだけの実質的な効果をもたらしているかについては異論のあるところだ。

　企業が社員の健康や生活の質を高める取り組みは、福利厚生と呼ばれている。これがうまく機能していればいるほど、従業員は仕事やプライベートを安定した状態で過ごすことができるが、実態は理想通りにいっているとは言い難い。

　図（3－4）は、大企業と中小企業の福利厚生費を比べたものだ。大企業ほど充実しており、中小企業とは差があることがわかると思う。これは、経済的理由でやむをえず中小企業で共働きしている家庭は福利厚生が不十分な環境で働

図3-5 精神障害の労災補償状況

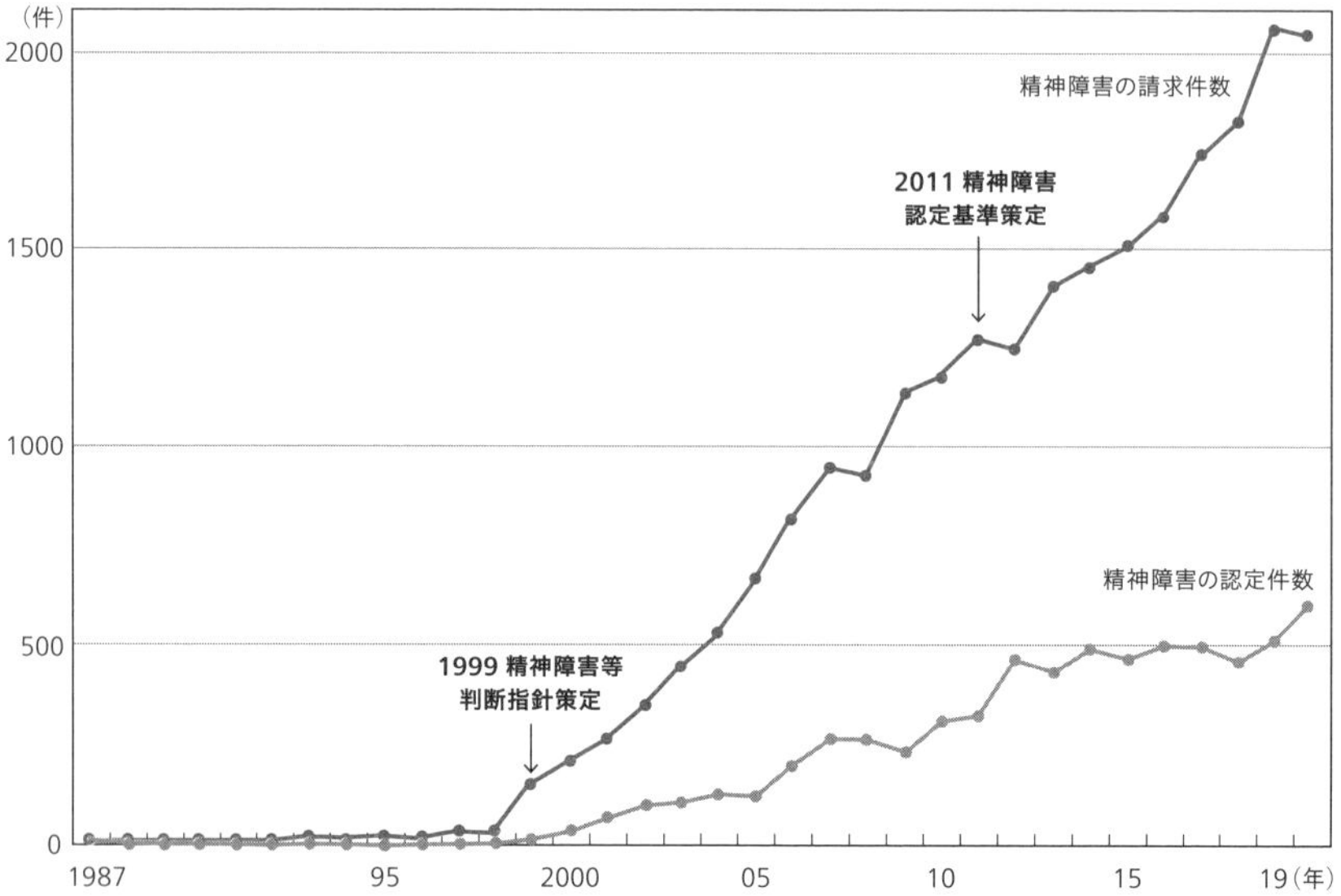

全国労働安全衛生センター連絡会議調べ
(※)2011年12月に「心理的負荷による精神障害の認定基準」が策定された。

いている可能性があることを示している。

また、現代の都市部では地域のつながりも希薄だ。マンションの隣に住んでいる家族の名前を知らないのは普通だし、自分の家の生活で手一杯で他人の家のことにまで考える余裕がない人の方が多数派だろう。

仕事や生活の中でストレスを抱え、地域のつながりも希薄で、企業の支援も得られにくいということになれば、精神的に追いつめられる人が増えてもおかしくはない。

図(3-5)は、労災補償における精神障害の状況を示している。労災とは労働者が、労働によって被った病気などをいう。精神障害が世間に認識され、医療機関が増えたとはいえ、90年代半ばから現在に至るまで右肩上がりの状況がつづいているのがわかる。

この図は現代の労働のあり方が、労働者に大きなストレスをかけていることを物語っている。第1章で見たように、グローバル化、マニュアル化、複雑化した労働についていけない人たちが、心を病むということが起きているのだ。

さらに言えば、うつ病などの精神障害は職場環境に加えて、生活環境が及ぼす影響も大きい。たとえ会社の仕事がストレスフルであっても、家庭が羽を伸ばして何でも話せる場であれば、心のゆとりが生まれるだろう。だが、家庭まで窮《きゅう》していれば、ストレスは倍増し、押しつぶされてしまう。

君たちの親世代の人たちが置かれているのは、まさにそうした状況なのだ。

言わば、社会の急激な変化についていけなくなった大人たちが心を病み、生活のことにさえなかなか手が回らなくなっているのである。

ヤングケアラーとは何か

親が心を病んでしまうと、家の中でドミノ倒しのようにいろいろなことがうまくいかなくなる。収入がなくなって経済的に困窮する、食事や洗濯をする人がいなくなる、小さな子供が放置される、病気の親の世話をしなければならない……。それまでうまく回っていたものが、ことごとく止まってしまうのだ。

こういう家庭で育つ子供が何と呼ばれているか知っているだろうか。「**ヤングケアラー**」だ。ケアラーとは、日本語で介護者を示す言葉であり、「若い介護者」と訳される。

一般社団法人日本ケアラー連盟は、次のように定義している。

「家族にケアを要する人がいる場合に、大人が担うようなケア責任を引き受け、家事や家族の世話、介護、感情面のサポートなどを行っている18歳未満の子供」

介護者と聞けば、高齢者介護のように、病気で動けない親の身の回りの世話をする子供というイメージがあるかもしれない。だが、それはヤングケアラーの一面でしかなく、実際は表（3－1）のように広範囲に及ぶ。

国の調査によれば、ヤングケアラーは、小学生の15人に1人、中高生の20人に1人の割合でいるという。

近年、ヤングケアラーという言葉は徐々に広まりつつあるので、君たちの中には聞いたことのある人もいるだろう。だが、そう呼ばれる子供たちの生活の実態まではなかなか知られていない。

彼らが介護をする対象でもっとも多いのが親だ。統計によれば、母親が46・3％、父親が11・9％となっている。つまり、ヤングケアラーの6割が親の介護をしているのである（※複数回答あり）。そしてその親の多くが抱えているのが、心の病なのである。

心の病の代表的なものを示そう。

表3-1　広範囲に及ぶヤングケアラー

- 障害や病気のある家族に代わり、買い物・料理・掃除・洗濯などの家事をしている
- 家族に代わり、幼いきょうだいの世話をしている
- 障害や病気のあるきょうだいの世話や見守りをしている
- 目を離せない家族の見守りや声かけなどの気づかいをしている
- 日本語が第一言語でない家族や障害のある家族のために通訳をしている
- 家計を支えるために労働をして、障害や病気のある家族を助けている
- アルコール・薬物・ギャンブル問題を抱える家族に対応している
- がん・難病・精神疾患など慢性的な病気の家族の看病をしている
- 障害や病気のある家族の身の回りの世話をしている
- 障害や病気のある家族の入浴やトイレの介助をしている

一般社団法人日本ケアラー連盟

・うつ病　一日中気分が沈んでしまって、悪化すると食事や排泄《はいせつ》すらままならなくなる
・パニック障害　理由もなく、突発的に嘔吐《おうと》、めまい、震えなどパニックが起こる
・強迫性障害　あることに意識が縛られ、それをしなければいられなくなる
・統合失調症　幻聴や幻覚に襲われ、言動がそれにとらわれるようになる

どの病も、人が社会のプレッシャーに耐えられなくなった時に発生することがあるとされている。症状には軽いものから重いものまであるが、悪化すれば仕事ができなくなるどころか、何カ月、何年も寝たきりになり、薬なしでは睡眠を

とることさえできなくなってしまう。そんな大人たちの生活を支えるのは、同じ家に暮らす子供たちだ。

具体的にイメージをつかんでもらうために、僕が取材した女子中学生のケースを紹介したい。

事例 ヤングケアラー①

谷村水奈（仮名）は、両親を含む4人家族の長女として生まれた。4歳下に妹がいた。

父親は日本全国を回る運送の仕事をしていて、週の半分くらいは家を不在にしていた。それでも給料が安く生活費が足りなかったため、母親は週に5日、食品工場でパートをしていた。

母親は週に何度かは残業があり、時期によっては夜勤をしなければならなかった。また、近所の実家に暮らす祖母ががんの闘病中で、身の回りの世話をする必要もあった。そのため、水奈は母親の代わりに、妹の保育園の迎えや洗濯や掃除といったことを、小学生の頃から任されていたそうだ。

水奈が小学5年生の時、母親がうつ病を発症した。原因は少し前に立て続けに起きたトラブルだった。仕事先の人間関係の悪化、祖母に対する介護の疲労、さらには父親が多額の借金をしていたことが発覚し、張りつめていた気持ちがパンクしたように心を病んでしまったのだ。

母親はパートを辞めて家でほぼ寝たきりになった。父親は借金の返済に追われ、2つの仕事を掛け持ちして朝から晩までほとんど休みなく働いた。家のことや母親の介護は水奈の役割になった。

水奈にかかる負担は過大だった。母親は体調の波が大きく、悪い時は立ち上がってトイレへ行くことさえできなかった。そのため、水奈は一切の家事に加えて、朝から晩まで母親の面倒をみなければならず、学校では遅刻や欠席が目立つようになった。

中学へ上がる頃になると、母親の病状はさらに悪くなり、自殺をほのめかすようになった。うつ病の症状として希死念慮《きしねんりょ》（死にたいという願望）がある。母親は物事を否定的に考え、家族の重荷として生きる自分に嫌気がさし、ことあるごとに「死にたい」「殺して」と口にしだしたのである。水奈は母親を1人にしたら本当に自殺してしまうかもしれないと心配し、学校へ行けなくなった。

学校の先生が心配してたびたび自宅を訪問したが、水奈は母親の病気のことについては口を閉ざした。母親がおかしくなったという噂が地元に広まることが怖かったのだ。

学校の先生は、こう言った。

「大変だと思うけど、将来のために高校だけは行った方がいい」

しかし、水奈は家族を守るという義務感から、高校進学を断念し、アルバイトで家計を支えながら母親の世話をつづけた。

この事例は、ヤングケアラーの典型的なものだ。まず考えたいのは、こうした事態を生んだ社会的背景だ。

両親は共働きでなければ生計が成り立たないくらいの収入しか得られていなかった。仕事の内容も、運送業や工場労働など勤務時間が不規則な上に、ストレスがたまりやすい単純労働。さらに祖母の介護もしなければならなかった。

おそらくこの時点で、母親の心は相当すり減って限界に近づいていたのだろう。そこに父親の借金という新たな問題が発覚した。これが生活の破綻《はたん》を引き起こし、しわ寄せが娘に向かったのだ。

ヤングケアラーが生まれる典型的なプロセスを示すと、次のようになる。

1 経済的理由で家族が生活に苦しむ
2 ギリギリの生活の中で精神的なプレッシャーが大きくなる
3 ある出来事が切っ掛けとなり、親が心を病んで暮らしが傾く
4 子供が親の代わりに家の一切のことを担うヤングケアラーとなる

ヤングケアラーになるプロセスを見てみると、社会の変化が親を苦境に追いやり、子供たちまでもが共倒れになっていく実態がはっきりする。こうなれば、家庭は安心・安全の空間ではなくなる。

子供たちはヤングケアラーとなったことで、どんな不利益を被るのだろうか。学校に通えない、友達ができない、学習に遅れが生じる、生活リズムが崩れる、親と適切な関係性が築けないなど、一つひとつ挙げていけば切りがない。そうしたことをあえてまとめれば、次の言葉に集約できる。それは、「**子供時代の喪失体験**」である。

人には、年齢に応じてしなければならない経験というものがある。3歳の小さな子供を思い浮かべてほしい。それまでは毎日親に抱っこされて、四六時中べったりくっついている期間だ。それが3歳くらいになると、少しずつ親から距離を取るようになり、公園でよその子と遊んだり、水泳やサッカーといった習い事をはじめたりするようになる。

この時に、子供たちが他の子たちとうまくやっていけるかどうかは、2歳くらいまでの経験が大きく影響を及ぼす。親との信頼関係が築けていれば他人を信頼できるようになるし、親に話を聞いてもらっていれば意見をきちんと述べられるようになる。あるいは、礼儀を教えてもらっていれば他人に迷惑をかけない子に育つ。

2歳くらいまでの幼児は、実は漠然と親に甘えて日々を過ごしているわけではない。そこで多くのことを学んでいるからこそ、年齢を重ねるにつれて広がっていく世界に対応できるのだ。

逆に、もし子供たちが年齢に合った経験をしていなければどうなるか。

親と信頼関係が築けていなければ他人を信用しようとしないし、話を聞いてもらったことがなければ思いを言葉にしようとしない。礼儀を知らなければ、集団生活において自分勝手な行為で周りを困らせる。

同じことは年齢が上がってからも当てはまる。小学生には小学生の時にしなければならない経験があり、中学生には中学生の時にしなければならない経験がある。このように経験をつみ上げていくことで、その子は年齢に合った社会性を手に入れることができるのだ。

僕が「子供時代の喪失体験」と呼んでいるのは、そのような経験をする機会を失うということだ。先の水奈の例だと、小学校高学年から中学生の時期にかけて、うつ病の母親に振り回されることによって、学習面だけでなく、思春期の大切な時期に経験しなければならない様々なことがごっそりと抜け落ちてしまった。

こうした子供たちが将来的に抱えてしまうのが、生きづらさなのである。

その生きづらさが何かということを見ていく前に、ヤングケアラーのもう一つの形についても考えたい。

依存症は「孤立の病」

ヤングケアラーを考える時、つい見落とされがちなのが、**親が抱える依存症の問題**である。親が何かしらの依存症になることで、子供たちが家事や介護をしなければならなくなる、というケースだ。

依存症を一言で表せば、特定の行動や物質にはまり込み、自身のコントロールが効かなくなる状態のことである。

行為依存だとギャンブルやインターネット、物質依存だとアルコールや薬物などだ。複数の依存症を併発している人も少なくない。

日本には治療を必要としている依存症患者が数百万人の規模で存在すると推測されている。それだけ大勢の人が依存症になっているのは、国や社会がそれを許しているためだ。

残念なことに、日本の社会には人を依存症にさせることで巨万の利益をたたき出している企業が存在する。象徴的なのがギャンブルだ。

おそらくどんな田舎の町へ行っても、パチンコ店を目にすることがあるだろう。国内のパチンコ市場は年間14兆円、これに競馬、競輪、競艇、オートレースなどを加えると、日本のギャンブル市場は26兆円になるとされる。日本が誇る家電小売市場の7兆1700億円と比べても、途方もない規模であることがわかるだろう。

日本は「ギャンブル大国」と呼ばれており、諸外国と比べるとギャンブル用ゲーム機の設置台数が桁違いに多い。図（3-7）を見れば、その実態に唖然《あぜん》とするのではないか。

外国では高級ホテルや一部の町のカジノにだけ機器が置かれているが、日本はパチンコ店が駅前から郊外に至るまであらゆるところにある。それだけ簡単にギャンブルができてしまう環境があると言える。

厚生労働省の調べによれば、生涯でギャンブル依存になった経験のある成人は約320万人とされている。京都府の人口（255万人）や、広島県の人口（276万人）よりはるかに大勢の人がギャンブルに溺《おぼ》れた経験を持っているのである。図（3-8）を見れば、日本におけるギ

図3-7 ギャンブル用ゲーム機の設置台数（国別、2016）

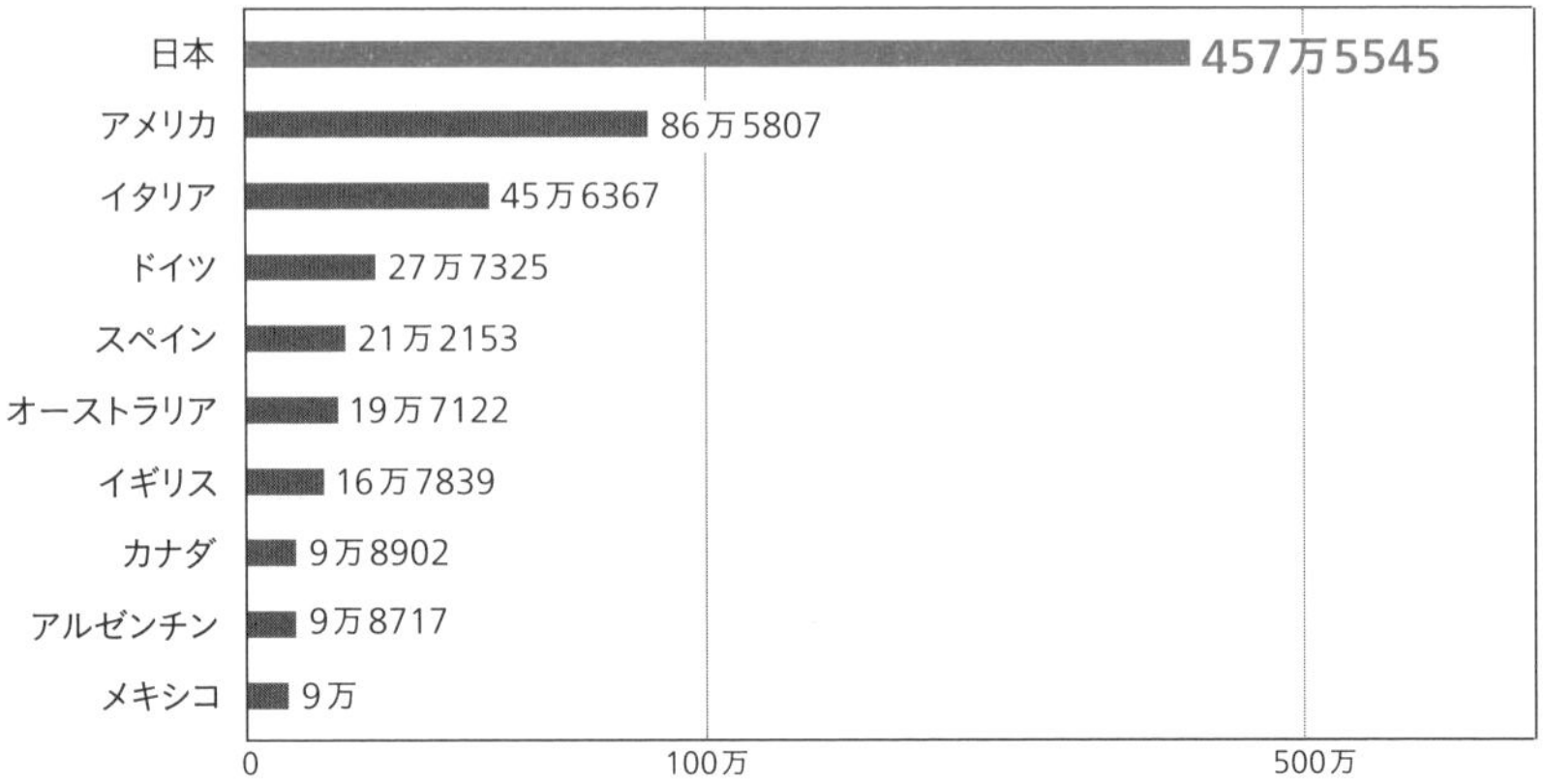

オーストラリア「ゲーム機械協会」調査

図3-8 世界主要国のギャンブル依存症が疑われる人の割合

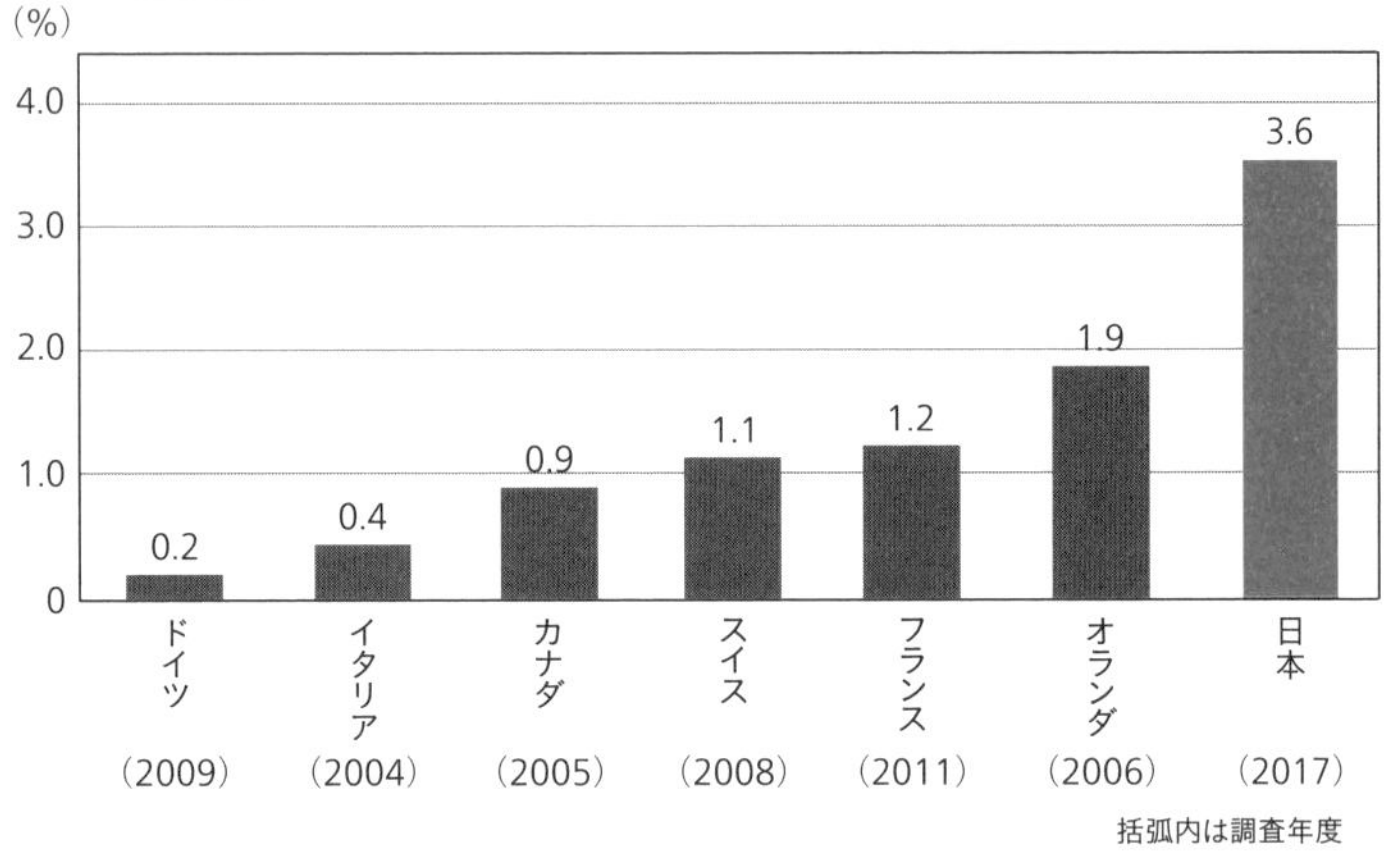

国立病院機構久里浜医療センター、樋口進院長調査

ャンブル依存の惨状がわかるはずだ。

同じ行為依存であるインターネット依存の患者も看過《かんか》することができない。インターネット依存は、男性に多いゲーム依存と、女性に多いSNS依存に分かれており、ここ10年くらいでスマホの普及によって増加の一途をたどってきた。コロナ禍もあり、その数は日本全体で500万人以上になるという推測がある。

物質依存の現状も深刻だ。代表例がアルコール依存だろう。居酒屋、スナック、バー、キャバクラといった店の数はパチンコ店よりはるかにたくさんあるし、スーパーやコンビニエンスストアでもお酒が売られている。

日本で治療を必要としているアルコール依存症の患者は80万人。山梨県の人口と同じくらいだ。さらに治療は受けていないが、依存症の一歩手前という予備軍を含めると、その数は440万人に達するという試算がある。

もう一つの物質依存の代表格である薬物依存は、覚せい剤、大麻（マリファナ）、コカイン、LSDといった違法薬物の常用だ。言うまでもなく、これらは非常に依存性が高く、人によっては1回やっただけでやめられなくなるということも少なくない。図（3-9）を見るとわかるように、その時々で薬物の種類によって増減があるが、全体としてはほとんど変わっていないのだ。

日本人で過去に薬物を使用した経験のある人は216万人。過去1年間での使用経験者は13万人とされている。そう考えると、今も10万人以上の人が薬物を使用し、さらに多くの人が後

図3-9　精神科医療施設における薬物使用障害患者の「主たる薬物」の推移

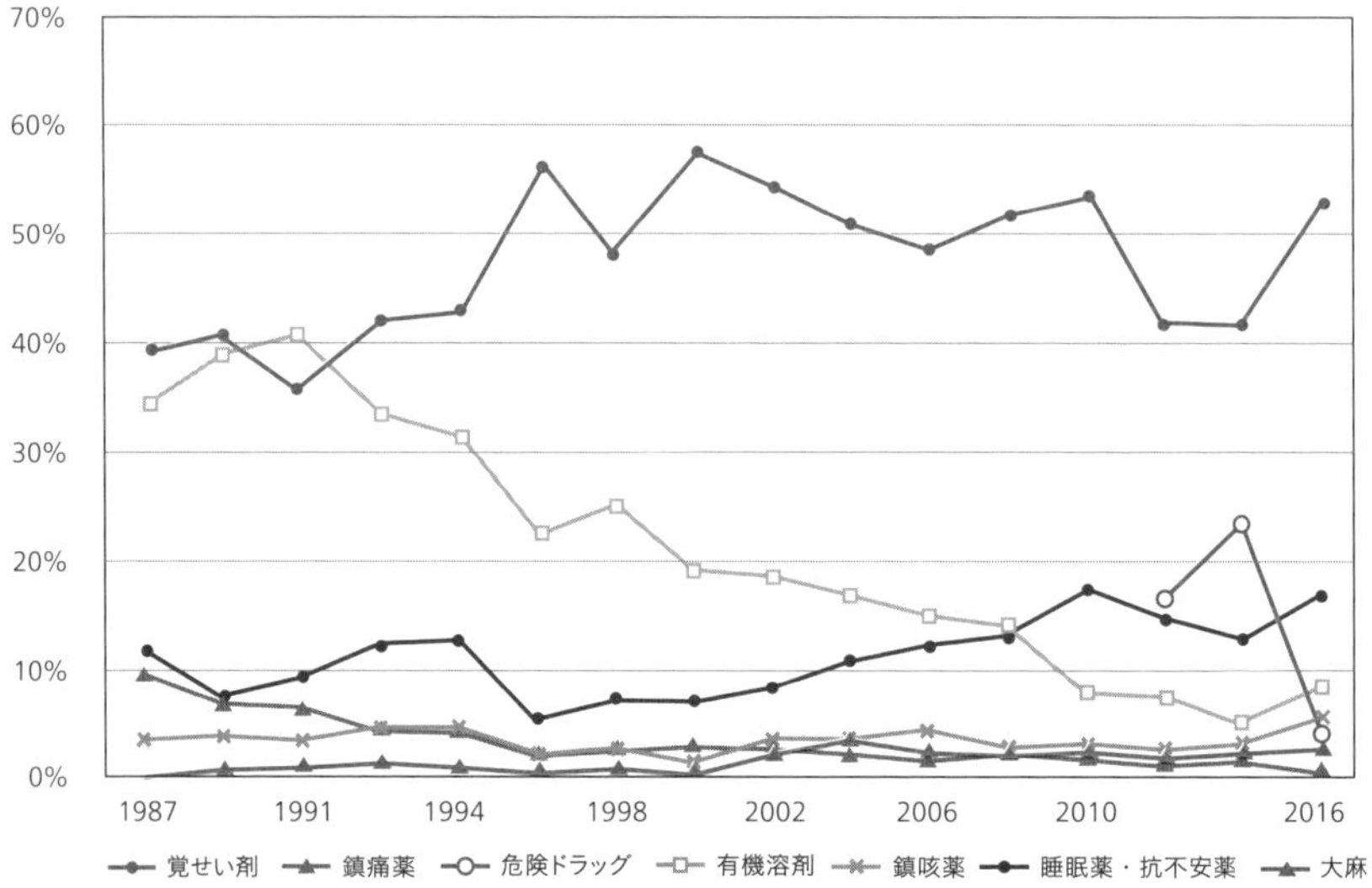

松本俊彦ほか「全国の精神科医療施設における薬物関連精神疾患の実態調査」

遺症等を抱えていると言えるだろう。

このように、依存症と言っても多種多様であり、それぞれに膨大な数の患者がいるのだ。

では、どういう人たちが依存症になるのか。

実は、世の中には依存症になりやすい人と、なりにくい人とがいる。両者を分けるのは、孤独を抱えているかどうかだ。

依存症は「**孤立の病**」とも呼ばれており、孤独を抱えた人が、つらい現実から目をそらすために別のことにのめり込む傾向が強いとされている。それが依存症へとつながるのだ。

具体的な事例を紹介しよう。

事例　アルコール依存

40代後半の男性が会社でリストラに遭った。彼は再就職先を探したが、年齢の問題でなかなか見つからなかった。妻はあきれ果て、家を出て実家に帰ってしまった。

男性は、退職金と失業手当で2人の子供の面倒を見ながら、再就職先を探しつづけた。だが、書類選考で落とされてばかりで、面接にすらたどり着かない。このままでは貯金が底をついて生活が行きづまる。

彼は日に日に膨らんでいく不安で夜も眠れなくなり、酒を飲むようになった。酒で気持ちを紛らしているうちにだんだんと飲酒量が増えていき、気がついたら深刻なアルコール依存に陥っていた。

事例　ギャンブル依存

20代の男性は、経済的な問題で高校を中退してから10年ほどフリーターとして生きてきた。アルバイト、日雇い労働に派遣社員。いろいろな仕事をしたが、どれも給料は安く、奴隷のようにこきつかわれるだけだった。

ある日、付き合っていた女性が妊娠したことが判明。人工妊娠中絶ができない段階に入っていたため、結婚することにした。間もなく子供が生まれたが、アルバイトでは生活が成り立たない。妻とはお金のことでぶつかり、毎日口論が絶えなかった。

彼は家で妻とケンカをするたびに、逃げ込むようにパチンコ店へ行った。激しい音と光の中でパチンコ台に向かっていれば、現実の嫌なことをすべて忘れることができたのだ。そんなふうにパチンコ店へ通っているうちに、彼はギャンブル依存になった。


今のシビアな社会の中では、大人はちょっとした切っ掛けによって一瞬で職を失ったり、生活に困窮したりすることがある。

この時、彼らは自分の力ではどうにもならない現実に直面し、無力さに打ちひしがれ、孤独の底に叩き落とされる。そんな人たちの一部が、つらい現実から目をそらすために、アルコールやギャンブルなどにのめり込み、抜け出すことができなくなる。それが依存症の典型的なパターンだ。

依存症になった大人は、客観的に物事を判断することが難しくなる。体を壊すまでお酒を飲みつづけたり、あちらこちらで返済しきれないほどの借金をしてギャンブルに投じたりする。頭の中がそれだけになってしまうので、仕事も家事も子育ても何もかも放棄してしまう。

こうした家庭の子供たちは、親に頼ることもできず、自分自身の力で生活をしていかなければならなくなる。朝から晩まで家事をし、親戚や友達の家を駆けずり回ってお金を借り、体を壊した親の面倒をみる。

そう、依存症の親を持つ子供たちもまた、ヤングケアラーなのである。

こうした子供たちが、人知れず何を失っているのか。ここでも1つ事例を紹介したい。

事例 ヤングケアラー❷

栗山結衣（仮名）は、歯科医院を営む家庭の一人娘として生まれ育った。幼い頃は何不自由ない暮らしだったが、7歳の時に父親が女性問題で家を出ていってしまった。

母親は結衣の親権を持ち、それなりの財産分与と養育費をもらってマンションに引っ越した。だが、夫に裏切られたショックもあったのだろう、浴びるように酒を飲みはじめた。もともと強くないのに朝からビールやワインを飲み、昼過ぎには酔いつぶれたかと思うと、一眠りしてまた飲みだす。

毎日結衣は学校から帰ると散らかった空き缶やボトルを集め、廊下で母が吐いたものを片付け、コンビニでご飯を買って深夜まで帰宅を待った。アルコールの過剰摂取のせいで、母親は不可思議な言動が目立つようになった。夜道で見知らぬ人に突っかかっていく、酔って別の人の家に上がり込む、マンションのエレベーターで吐いて眠ってしまう、といった行為をくり返した。

同じマンションに同級生がいたことから、学校で母親が酒に溺れているという噂が広まった。結衣は恥ずかしさのあまり同級生と付き合うことができなくなった。教室では黙って過ごし、放課後は逃げるように帰宅して酔いつぶれた親の介抱や家事をこなす。毎日明け方まで起きているせいで遅刻や欠席も目立ちはじめた。

中学1年の時、母親はアルコール依存がたたって身体に明らかな異常が現れるようになった。突然気を失って倒れる、記憶障害によって物事が覚えられない、幻覚や幻聴が現れる……。その介護からくる疲労のため、結衣は不登校になった。

卒業間近に、衝撃的な出来事が起こる。母親が突如として自殺したのである。父親はすでに再婚していたことから、施設に預けられた。その後、定時制高校へ進学したものの、人付き合いの経験が乏しかったため、結衣は施設にも高校にもなじむことができなかった。この頃の彼女は次のような状態になっていたという。

・人と言葉を交わすことができない。
・周りの人が自分を蔑《さげす》んでいる気がする。
・摂食障害と抜毛症《ばつもうしょう》になる。
・自分が汚い、臭いという妄想を抱く。
・母親のことを思い出すと過呼吸になる。

小学校、中学校で子供らしい普通の生活をする機会を奪われ、ひたすら母親に振り回される日々を送ってきた心理的負担が、16歳になってこういう形で現れたのである。

結衣は病院で精神疾患の診断を下され、高校を休学して社会復帰のための治療を受けることになった。

表3-2 アダルト・チルドレンの特徴

1	自分の考えや行動が「これでいい」との確信が持てない
2	物事を最初から最後までやり遂げることが困難
3	本当のことをいったほうが楽なときでも嘘をつく
4	自分に情け容赦なく批判を下す
5	楽しむことがなかなかできない
6	まじめすぎる
7	親密な関係を持つことが大変難しい
8	自分には、コントロールできないと思われる変化に過剰反応する
9	常に、他人からの肯定や受け入れを求めている
10	自分は、人とは違うといつも感じている
11	常に責任をとりすぎるか、責任をとらなさすぎるかである
12	過剰に忠実である
13	衝動的である。他の行動が可能であると考えずに1つのことに自らを閉じ込める

斎藤学『アダルト・チルドレンと家族』学陽書房、1996

子供にとって、小学生〜中学生くらいの時期は何にも代えがたい大切な時期だ。学校の友達と過ごす中で、コミュニケーション能力を磨いたり、自尊心をつくり上げたり、夢や希望を抱いたりする。

しかし、ヤングケアラーの子供たちは、親に振り回されることによってそうした経験をつむことができない。それによって人間関係を構築することが苦手になり、劣等感を膨らませ、自分を傷つけたり、自暴自棄になったりする。

君たちは「**アダルト・チルドレン**」という言葉を聞いたことがあるだろうか。心理学の用語で、もともとはアルコール依存の親を持つ子供たちが子供時代の喪失体験をし、トラウマを抱えて成長することを示す。

アダルト・チルドレンの研究によって、

今は子供時代を喪失した人たちがどんな生きづらさを抱えるようになるのかがだいぶ明らかになっている。

この分野の第一人者である精神科医の斎藤学は、著書『アダルト・チルドレンと家族』で表（3−2）のように示している。

いずれも、人が生きていくことにおいて大きなハードルとなる特性だと言える。これを、君たち自身に当てはめてみてほしい。小学生や中学生の時点で、こうした特性を抱えることになれば、いかに生きることが難しくなるか。

ヤングケアラーの人がまさにそうなのだ。彼らは子供時代を喪失したことによって、こうしたハンディを負うことになる。そしてそれが長きにわたって生きることの足枷《あしかせ》となるのだ。

このように考えてみると、現代社会の家庭のあり方が、子供たちに与えている影響の大きさが見えてくるだろう。

ただ、家庭が子供たちに与える苦しみは、これだけではない。社会の変化が、親の人格をゆがめ、子供たちが被害に遭うこともある。

次章では、そのことについて考えてみたい。

第4章

虐待する親からどうやって逃げるか

多岐にわたる子供への虐待

２０２１年度、日本の児童相談所に寄せられた児童虐待の相談件数が過去最多の20万件を突破した。ものすごい数だと感じると思うけど、これ以外にも露見していない多くのケースがあるのは明らかだ。

実は、児童相談所に寄せられる相談の半分は警察からであり、それ以外は学校や親戚や近隣住人などとなっている。つまり、警察や周辺の人たちが気づかなければ、児童相談所には連絡がいかないということだ。

現在の家庭の多くは核家族化しており、室内で起きていることは外からは見えづらい。それを踏まえれば、20万件超というのは表に出てきた数であり、実数はさらに多いと考えるのが妥当だろう。

国の定義によれば、虐待は次の４つに分類される。

・**身体的虐待**　肉体的な暴力をふるう。強引に拘束することも含む
・**性的虐待**　性行動だけでなく、自分の性行為を見せる、裸体の撮影
・**ネグレクト**（育児放棄）　食事を与えない、家に放っておくなど育児をしない
・**心理的虐待**　言葉による暴力、夫婦喧嘩を見せる、きょうだい差別など、精神的に苦しめる

図4-1 児童相談所での児童虐待相談対応件数

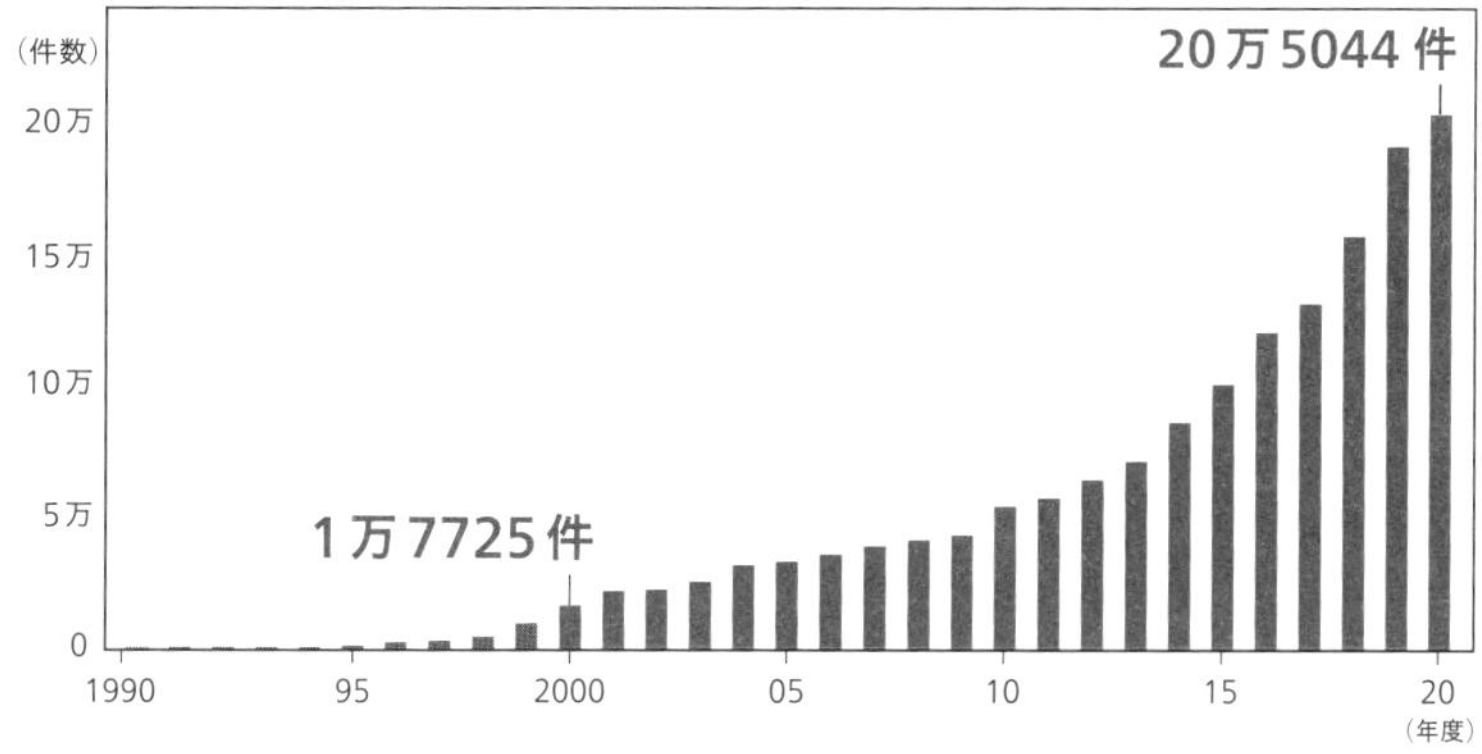

厚生労働省「市町村・都道府県における子ども家庭相談支援体制の整備に関する取組状況について」

これはあくまでもわかりやすく示した分類でしかない。実際には、子供の心を蝕《むしば》む親の行為は全般的に児童虐待と呼ぶべきであり、そういう意味ではここに示されている以上に広範囲にわたると考えるべきだろう。

日本の虐待で深刻なのは、件数だけでなく、長年増加傾向にあることだ。**虐待の相談件数は、図（4―1）のようにうなぎのぼりになっている。約20年前と比べて、11・7倍**という数字だ。

なぜ、相談件数は増加の一途をたどっているのか。これは3つの点から説明できる。

1点目として挙げられるのが、国の取り組み、メディアの報道、民間の啓発活動によって虐待の概念が一般に広まったことだ。人々が虐待を意識するようになった分、虐待の発見率が上がり、相談へとつながった。

2点目が、核家族の中で虐待、あるいは「虐待の連鎖」が起きやすくなっているということだ。

かつての大家族社会では、様々な人たちの監視の目があった。仮に親が子供に対してひどい暴力をふるえば、祖父母や親戚が発見して止めに入った。放ったらかしにされている子がいれば、近所の家庭の親や子が代わりに世話をした。しかし、今の核家族化した家では、第三者が介入する余地がぐんと減った。

このように考えると、虐待が増えたというより、虐待を止める人がいなくなったという見方もできる。現在は、その役割を児童相談所が代わりに担っているが、専門機関とはいえ、大家族における監視の目に比べれば、発見・介入が容易でないのは明らかだ。

家庭が密室化したことは、虐待の連鎖を引き起こすことにもつながった。限定された親子関係しか知らなければ、虐待された子供たちは手を上げたり、怒鳴ったりすることが育児の方法だと思い込む。他の家庭を知らないので、それが普通になってしまう。

だから、大人になって家庭を持った時、彼らは自分が親からされた方法で子供を育てようとする。自分たちのやっていることが虐待であるという自覚なしに、手を上げたり、怒鳴り散らしたりする。

かつて僕は『「鬼畜」の家 わが子を殺す親たち』というルポを描くために、子供を虐待死させた親たちを取材したのだが、彼らに共通する言葉があった。

「私は子供を愛していました。でも、死んでしまいました。本当に愛していたのです。私なりに」

この「私なりに」という言葉に注目してもらいたい。

虐待家庭で育った人は、自分が親になった時に、わが子に対する適切な接し方がわからない。だから、彼らは自分なりの方法（暴力、ネグレクト）で育てようとするため、ついには子供を死に至らしめてしまうのである。

3点目として挙げられるのが、社会の変化によって親が適切な育児ができない状況に陥っていることだ。

これまで見てきたように社会環境の変化は、現在の親世代の大人たちを経済的、精神的に苦しい状況に追いやっている。前章では、それによって親たちが心を病んだり、依存症になったりするプロセスを見てきた。

こうした親たちは寝たきりになって介護が必要になるだけでなく、情緒の不安がわが子に向かうことがある。時と場合によっては、それが虐待という形で現れるのだ。

双極性障害（躁《そう》うつ病）になった人は怒りっぽくなることがあるし、統合失調症の人は幻覚や妄想に惑わされることがある。自律神経失調症によって、大半の時間を苛立《いらだ》ちや不安に苛《さいな》まれる人もいる。

彼らは病からくる感情の乱れを自分ではコントロールすることができない。だから、身近にいる子供に苛立ちをぶつける、被害妄想で相手を責めるといった理不尽な形をとる。これが虐待となる。

依存症も同じようなことが言える。アルコール依存で自分を抑制できなくなっている人は、酒を飲むことによって急に狂暴になることがある。

ある報告では、刑事事件にまで発展したDVのうち、67・2％にアルコールが関係していた。逆に言えば、アルコールを飲んでいなければ、それらの事件は起きていなかった可能性があるということだ。このことは、アルコールが人間にとっての暴力装置になっている一面を示している。

親の心の病が、暴力だけでなく、ネグレクトを引き起こすケースも少なくない。

ネグレクトと聞くと、2、3歳以下の小さな子が家に閉じ込められて命を落とすようなイメージがあるかもしれない。だが、小学生でも中学生でも気がついていないだけでネグレクトの被害に遭っている人はたくさんいる。

ネグレクトは、それを受けた子供の年齢によって表出する問題が異なる。たとえば、親が精神疾患を発症して、日常生活のことが何一つ手につかなくなった状況を思い描いてほしい。朝から晩まで自分の部屋に閉じこもって出てこないような生活だ。

この親の子供が乳児であれば、数日間のネグレクトでたちまち命の危険にさらされるだろう。栄養失調や脱水症状で死亡したら、全国に報じられる虐待死事件だ。

では、子供が10歳以上ならどうか。この年齢の子供たちは自分で工夫して飲み食いできるので餓死することはない。その代わり、家事や親の介護をしなければならないケースではヤングケアラーとなる。

このように年齢によって問題の出現の仕方は異なるのだが、どちらも子供がネグレクトの被害者であるという点では同じだ。

依存症の親も、子供をネグレクトすることがある。駐車場の車の中に赤ん坊を放置したまま、何時間もパチンコ店で遊んでいる間に、熱中症で死なせたという事件を聞いたことがあるだろう。これは今にはじまったことではなく、何十年も前から数えきれないくらいくり返されてきた事件であり、背景には親のギャンブル依存症の問題がある。

また、これまで見てきたアルコールやギャンブルの他に、恋人やホストといった人間に依存するケースでもネグレクトが引き起こされる。

よくあるのは、親が寂しさを紛らせるために恋人やホスト遊びにはまり、何日も帰ってこないというケースだ。週の半分、ひどい人になると何週間も家を留守にする。

かつて大阪で母子家庭の母親がホストにのめり込むあまり、1歳と3歳の子供を放置して死に至らしめた大阪市2児放置餓死事件や、神奈川県で父子家庭の父親が恋人のところに通うあまり、5歳の子供を放置して死なせた厚木市幼児餓死白骨化事件が起きた。これらの事件の背景には、ホストや恋人への依存の問題が横たわっている。

こうしてみると、社会で生きづらさを抱えている大人の虐待や依存が子供たちを苦しめる一連の流れが見えてくるだろう。

心理的虐待が起きる因果関係

心理的虐待は、身体的虐待、性的虐待、ネグレクトに比べると、少々わかりにくい。身体的

図4－2 児童相談所での内容別虐待相談件数

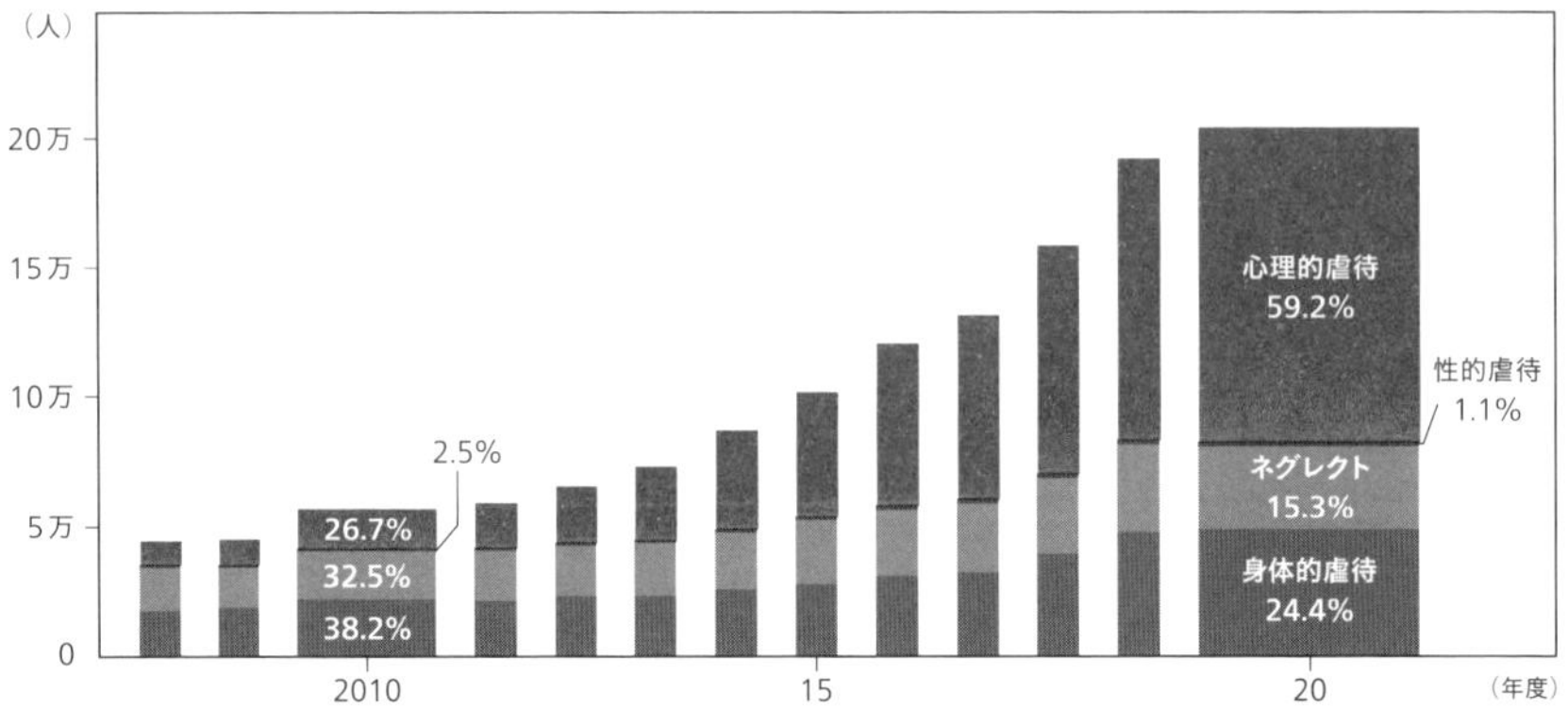

厚生労働省「児童相談所での児童虐待相談対応件数」など

虐待などは子供が目に見える被害を受けるのに対し、心理的虐待は被害が可視化されにくいからだ。

あえて心理的虐待を一言で表せば、「**心の暴力**」ということになる。具体的に言えば、親が子供を激しい言葉で罵《ののし》る言葉の暴力、親が子供の前で家庭内暴力（夫婦間）をする面前DVなどがある。

図（4－2）からわかるように、心理的虐待は4分類される虐待の中でももっとも件数が多く、かつ増加している（ちなみに、性的虐待が少ないのは、本人が被害を隠す傾向にあるためだ）。そしてこれもまた、親の余裕のなさが引き起こすという構造を持っている。

因果関係を示せば、次のようなパターンがある。

・親が仕事でうまくいかない苛立ちを、帰宅して家族にぶつける
・経済的困窮から、夫婦がお金のことで衝突する
・共働きで夫婦関係や家事分担にズレが生じ、お

互いを責める
・親のＤＶを見てきたので、自分も配偶者を殴っていいものと考えている
・親が心を病んだ家族の下で育ったため、理想的な家庭や夫婦のあり方がわからない
・親から罵倒《ばとう》されつづけたから、自分も子供に同じことをする

こうした家庭で育つと、毎日のように親同士の罵り合いや暴力を見せつけられるため、子供たちは常に不安や恐怖に苛まれ、健全な精神の成長を妨げられる。

君たちに知っておいてもらいたいのは、**親による過度な教育（スパルタ教育）もまた心理的虐待に含まれ、同じように社会や家庭のゆがみから引き起こされている**という点だ。

勉強にせよ、スポーツにせよ、芸術にせよ、親の中には子供の心が壊れてしまうほどにそれを押し付ける人がいる。「東大に入れ！」「プロ選手になれ！」「ピアニストになれ！」と煽《あお》り立てる。

なぜ、親はそんなことをするのか。いろいろな理由が挙げられるが、目立つのが親が抱える自己実現願望を子供に投影することだ。

今の複雑な社会の中で、大人たちは子育てをするにあたって大きな不安に苛まれている。一流企業に入っても一生安泰《あんたい》などということはないし、司法試験に通って弁護士になっても実力がなければ食べていくことさえままならない。医師免許を取得しても、研修医の段階で４人に１人がうつ状態になっている。

第2章でみたように、本来はこうした不安定な時代だからこそ、君たち自身の自発性によって、自分の個性を磨いていくことが重要だ。理解者に囲まれ、自分の関心を突きつめていけば、その過程で他の人にはない特異な技術が身につくことがある。それこそが、不確実な世の中を生き抜く武器になる。

こうした観点に立てば、親の役目は子供が伸び伸びと自発性を発揮できる環境を用意することだろう。しかし、スパルタ親は、むしろ真逆の発想をする。

——こんな不透明な時代だからこそ、高学歴をつけさせる必要がある。

先行きが不透明になればなるほど、手垢《てあか》にまみれた古めかしい価値観にしがみつこうとして、子供に対する過度な教育へとつながっていく。

さらに言えば、こうした親の中には自分のコンプレックスの反動で子供に教育を強いている人も少なくない。自分が低学歴だからわが子を有名校へ進学させようとしたり、自分がプロになれなかったから子供をプロにさせようとしたりして、長年抱いてきた劣等感を埋めようとするのだ。

子供たちが納得して目標に向かっているならいい。だが、もしそうでないなら、親の命令で毎日遅くまで宿題に追われたり、休日や長期休みにまで塾に通ったりするのは、苦痛でしかないだろう。人によってはそのストレスで押しつぶされても不思議ではない。

あるいは、こうした親の態度が、きょうだい差別を生むこともある。

たとえば、ある家に兄と弟がいたとしよう。兄は生まれつき要領が良く、少し勉強しただけで優秀な成績を取り、軽々と名門校に合格した。親はそんな兄を「家族の宝」として誇りにするはずだ。

一方、弟の方は勉強が苦手で、いくらやっても成績が上がらなかった。親は憤慨し、「兄さんを見習え」「どうしておまえだけダメなんだ」「家の恥だ」と叱りつづけた。

毎日そんな親のプレッシャーを受けていれば、弟は心に大きな傷を負い、勉強がどんどん嫌になる。何もかもがどうでもよくなることだって起こりえる。

僕は、こうしたことによって精神を病んで、受験どころか、学校にすら行けなくなった子供を数えきれないほど見てきた。寝たきりになって部屋から出られなくなった子、自己否定感から自傷をはじめた子などもいた。

虐待が及ぼす心理的影響

なぜ虐待はいけないのか。そう尋ねられたら、君たちのうちの大部分は、子供が命を落とすかもしれないから、と答えるだろう。あるいは、怪我をするからとか、つらい思いをするからと言う人もいるかもしれない。

だが、それは虐待がもたらす、わかりやすい一側面でしかない。ここで目を向けてほしいのは、被害者が一生涯にわたって背負うことになる内面の傷だ。

君たちはすでに、親との不適切な関係が子供に様々な生きづらさをもたらすことを知っている。虐待を受けた子供たちも同じであり、時としてそれはより顕著に現れる。

虐待が及ぼす内面の傷を、2つの側面から考えたい。

1つ目に挙げられるのは、虐待家庭で育った場合、**子供たちの脳に明らかな異変が起こることが科学的に証明されている**点だ。

脳の中に前頭前野《ぜんとうぜんや》という部位がある。理性をつかさどる役割を持っているのだが、身体的虐待を受けた場合、この前頭前野の一部が萎縮《いしゅく》してしまうのだ。そうなると、その人は理性が働かなくなり、怒りを抑えられないなど、感情を適切にコントロールすることが苦手になる。

あるいは、視覚野《しかくや》や上側頭回《じょうそくとうかい》という部位がある。ここは視覚や聴覚をつかさどる機能を持っている。親の家庭内暴力を見せられる心理的虐待や、性行為を強要される性的虐待を受けた場合は、これらに異常が現れ、視覚的な記憶力や学習能力の成長が妨げられることになる。

このように虐待は、脳に直接的なダメージを与え、機能低下や発育不全を引き起こす。言うまでもなく、こうしたことが子供たちの生きづらさにつながるのだ。

2つ目としては、**虐待を受けた子供たちは精神障害に悩まされたり、思考のゆがみによって日常生活で多くの壁にぶつかったりする点**が挙げられる。虐待が及ぼす心理的影響は、大まかに言って主に次の6つだ。

・**PTSD**（心的外傷後ストレス障害）

虐待がトラウマとなり、PTSDを発症する。虐待の記憶が突然蘇ったり、物事に集中で

きなくなったりといったことが起こり、日常生活がうまく営めなくなる

・**精神障害**

過酷な現実から心を守るために、別人格をつくる解離性同一性障害を起こす。アメリカでは、解離性同一性障害の80〜90%が性的虐待、70%が身体的虐待を受けた経験があるという研究結果がある（重複あり）

・**対人関係の問題**

暴力を受けて育ったことによって、他者と信頼関係を築いたり、人の痛みを考えたり、礼儀正しく振る舞ったりといった基本的なことができなくなる。これによって人との関係構築が難しくなる

・**自己否定感**

自分自身の存在を否定されるような言動を受けつづけたため、自分に対して価値を見出せなくなる。何事にも消極的で、自暴自棄になっている。自殺願望につながるケースもある

・**行為コントロールの問題**

暴力をつかわず、対話によって物事を進めていくことができない。また、常に危険を恐れて気を張っているせいで、些細なことに過敏に反応し、人と衝突する

・**偽成熟性**（過成熟）

親に暴力を振るわれるのを恐れるあまり、極端に人の顔色をうかがうようになる。無理していい子を演じるが、うわべだけなのでどこかでうまくいかなくなる

君たち自身がこうした問題を抱えた場合のことを想像してほしい。身体の傷、脳の傷に加えて、これらを背負い込むことになれば、社会で生きることがどれだけ困難になるか。

にもかかわらず、周囲の人たちは子供たちが受ける精神的な傷に気がつかない。それらは外から目に見えるものではない。だから、その子が社会の中で適切に振る舞えずにつまずくと、周りの人たちは「自己責任」と言って切り捨てる。

「この子はもともと心が弱く、何事にも無気力な人間なのだ」と。

当事者である子供も同じだ。ほとんどの子供たちは、自分の生きづらさの原因が幼少期の虐待経験にあるとは考えない。ゆえに、生まれつきダメ人間なのだ、弱い人間なのだと自分を卑下し、あきらめてしまう。

実際、子供たちが虐待によって脳や精神に様々なハンディを負うことが判明したのは、最近になってからだ。それまでは虐待の概念さえ、一般の人々には正確に広まっていなかった。

日本で虐待が社会的問題になりはじめたのは、社会変化が急激に進んだ90年代のことだった。パチンコ店の駐車場や脱衣室に幼児を放置して死なせるとか、義父や夫婦が暴行の末に命を奪うといった事件が相次いで起き、世間で危機感が高まったのだ。そして90年度には1101件だった児童相談所への相談件数が、99年度には1万1631件と10倍に膨らむ。

こうしたことを受けて、政府がつくったのが「児童虐待防止法（児童虐待の防止等に関する法律、2000年施行）」だ。この法律によって虐待が何たるかを定義し、予防や被害児童の保護に力を入れたのである。

にもかかわらず、虐待相談件数は増えつづけ、おぞましい事件が次々と報じられた。99年には愛知県でベランダに小学5年の長男を縛り付けて死に至らしめたとして34歳の母親が逮捕。翌年には児童手当ほしさに児童養護施設から引き取った小学1年の長男を暴行して死亡させ、運河に遺棄したとして24歳の養母と養父が逮捕された。

国は、法律を改正することでこれに対応しようとした。２００4年の法改正では、保護の対象を「虐待を受けた児童」から「虐待を受けたと思われる児童」に広げ、07年には保護者に対する出頭要求や立ち入り調査を認め、11年には虐待をした親に対する親権の停止制度が設けられた。

虐待防止の最前線に立つ児童相談所は、相談件数の増加に対応するため、人員を拡充して、専門家の養成を推し進めた。図（4－3）を見れば、毎年のように児童福祉司が増員されつづけているのがわかるだろう。

それでも児童相談所だけではできることに限界がある。そこで国は学校や自治体といった関連機関にも連携を促した。文部科学省で言えば、04年に全国の学校に対して虐待を防止する取り組みを通知、09年には教員用の虐待防止マニュアルを作成、10年には適切な対応を徹底するようにとの通知を出した。また、自治体によっては妊婦健診や、出産後の定期健診などを利用した予防や発見を開始した。

ここまで国が総力を挙げて動いているのに、児童虐待件数はそれを嘲笑うかのように増えつ

図4-3 全国の児童福祉司数と児童虐待の相談対応件数

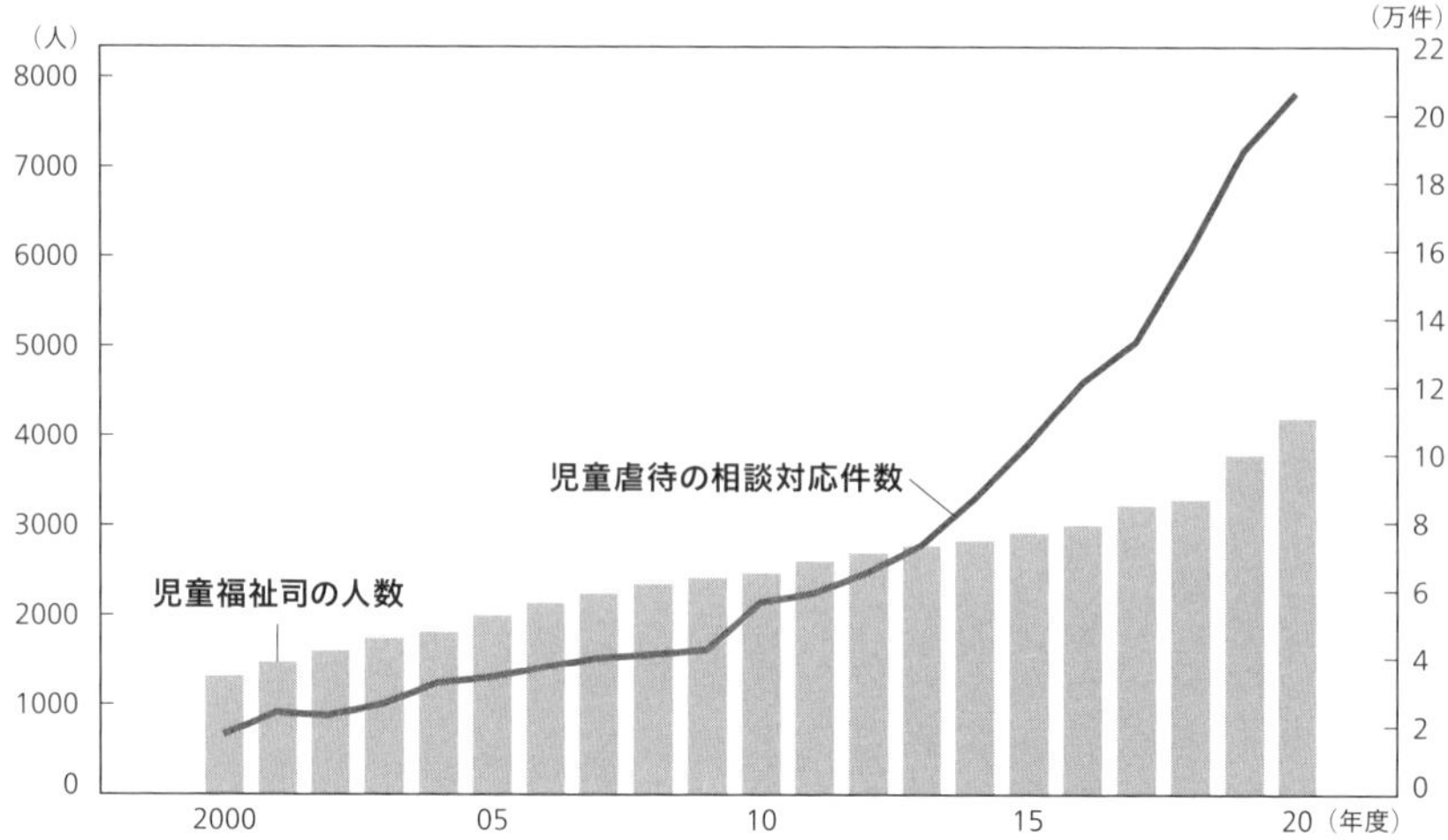

厚生労働省「児童相談所関連データ」

づけているのはなぜなのだろう。

答えは、国が行っている対策がモグラ叩きのような対症療法だからだ。

そもそも、親が虐待をする背景には、社会のゆがみ、虐待の連鎖、心の傷といった複合的な要因がある。本来ならば、根本的な原因である社会や家庭のあり方を見直さなければならないのに、現在行われているのは発生した虐待への介入だけだ。

国が原因治療をまったくやっていないとは言わないし、本格的に行うには今とは比べ物にならないくらい多額の予算やマンパワーが必要になることもわかる。ただ、対症療法と原因治療がバランスよく行われていないからこそ、虐待の発生件数を抑制できずにいるのが現実なのだ。

逆に言えば、国は目に見える形で起き

ている虐待こそモグラ叩きのように対処しているが、水面下で、大勢の子供たちが親の不適切な養育によって体も心も傷ついたまま生きることを余儀なくされているのである。

親と共倒れするのでなく、自分の人生を歩く

ヤングケアラーにせよ、虐待にせよ、子供たちはそれらが自分に及ぼす悪影響が何かをきちんと理解する必要があるだろう。これだけ大きなリスクがあるならば、いち早くその場から逃れなければならないと考え、行動するべきなのだ。

だが、実際はなかなかそこまでに至っていない。子供たちが自らヤングケアラーであると申し出ることはほとんどないし、児童相談所に寄せられる虐待相談のうち子供本人から連絡があるのは全体のわずか1%だ。

なぜ、彼らはSOSを出さないのか。大きな理由は次のものだ。

1　子供自身が被害を客観的に把握できていない
2　親と**共依存**の関係になって離れられない
3　SOSの出し方がわからない

1については、すでに見てきたのでわかると思う。

２の共依存というのは聞きなれない言葉かもしれないが、福祉について考える上では重要なキーワードだ。一言で表せば、お互いに依存し合って離れられなくなってしまっている状態のことである。

ヤングケアラーのケースであれば、親は子供なしでは生活が成り立たないので、ひたすら子供を頼りにして甘えようとする。子供の方も自分がいなければ親は生きていけないと考え、あらゆることを犠牲にして献身的に支えようとする。親を支える役割に自分自身の存在価値を見いだすのである。

虐待のケースでも似たようなことが起こりうる。親は鬱屈《うっくつ》とした感情の吐き出し先が子供しかない。だから、子供を怒鳴ったり、手を上げたりしてストレスを発散しようとする。子供の方もそんな親を哀れに思い、自分が受け止めなければ親が壊れてしまうとか、自分が訴えれば親は捕まってしまうと考えて、虐待を受け入れる。あるいは、自分が盾《たて》にならなければ、弟や妹が犠牲になると考えて耐える。

このように、親子がゆがんだ形で依存し合うと、介護や虐待が何年も継続するという事態が起こる。一旦そういう関係性ができ上がれば、両者を引き離すのは困難だ。

ヤングケアラーや虐待を受けている子供たちにつたえなければならないのは、そうした状況がつづいた時に自分が負うことになるハンディについてである。

すでに見てきたように、不適切な子供時代を過ごすと、心身ともに大きな傷を負う。当事者にとってそれは一生つづく生きづらさとなり、数多くの不利益を被ることになる。だからこそ、できるだけ早い時点で、悪い環境から逃れるべきなのだ。

先ほどから見ている児童相談所は、そうした子供たちを救うためにある公的機関だ。児童相談所は子供たちが好ましくない家庭環境にあると判断すれば、その子を保護し、児童養護施設など家庭の代わりとなる安心・安全の場を提供する。そこには親の代わりとなる専門の職員がおり、日常生活の世話をしながら、学校へ通わせてくれる。

施設と聞けば、巨大な施設に大勢の子供がすしづめにされているような悪いイメージがあるかもしれない。

だが、現在の児童養護施設は小規模な施設がメインになっており、グループホームやファミリーホームと呼ばれる施設は一軒家に定員6人ほどの子供が暮らす家庭的な空間だ。また、養育里親と呼ばれる人の家で、1人ないしは数人の子供と暮らすこともある。

これらの施設では、施設のスタッフや里親が親代わりとなって、家庭的な温かい関係性を育むことを目指している。

10代半ばから後半の人なら、また別の選択肢も出てくるだろう。実家を出て寮のある学校へ行く、祖父母や親戚の家で暮らす、就職して自立するなどだ。

たとえば、ヤングケアラーを体験した有名人に、タレントのキンタロー。さんがいる。愛知県で育った彼女は、父親が双極性障害をわずらっていたため、若い頃からそのケアに追われていたそうだ。彼女はそんな生活から逃れるため、高校生の時にカナダへ留学したり、大阪の大学に進学したりすることによって、家から距離を置こうとした。

彼女はこの時の心境を次のように語っている。

「私がお父さんのもとから離れたら病気が余計に悪化する可能性もあったけど、反発して大阪の大学に行っちゃったんです。そういう行動に走った自分にとても罪悪感を持っていますね、ずっと」

罪悪感とは、実家から逃げ出した人たちが抱く共通の思いだ。

いくら家庭環境が劣悪だったとしても、子供は親を切り捨てて家を出ていくことに後ろめたさを抱くものだ。逆に言えば、そうした感情が家から離れることを躊躇《ちゅうちょ》させ、共依存を生む原因となる。

だが、僕はあえて言いたい。そんな思いは振り切るべきだ、と。

君たちは、自分自身の人生を生きなければならない。あと何十年と歩んでいくのは、親の人生ではなく、君の人生なのだ。そのためにすべきなのは、親と共倒れすることではなく、距離を置いて自分の人生を歩いていくことなのだ。

キンタロー。さんだけでなく、劣悪な家庭環境で育ちながら、自分で人生の進路を決めた人たちはみな、こうした決断をしてきた。

どこかの段階で今の状況に身を置いていたら危険だと察し、罪悪感を振り払って、家から逃げ出して親との距離をとった。年齢の若い人であれば児童相談所によってその手引きをしてもらい、10代半ばから後半の人であれば自らの意思で親元を離れた。それは自分の人生を生きるためにしたことだ。

もしいつまでも親にくっついて共倒れすれば、逆に「自分がこうなったのは親のせいだ」と恨みや憎しみを抱くことになる。一生親を呪い、親のせいにしながら生きていくことになるのだ。そんなことになるくらいなら、早い段階で自分を親から解放し、独立した人生を歩むべきではないだろうか。

そして、もし周りにそのような当事者がいれば、それを後押しすることが君たちの役割だ。当事者の子供たちが罪悪感を振り払って家を離れるのは、並大抵の意志ではできない。周りの助けなくしては、なかなかその決断には至らないのだ。だからこそ、周囲がそのサポートをする必要がある。

キンタロー。さんはこんなことを言っている。

「わたし自身、どうしたらいいのって悩んでいたときに『大変でしたね、大丈夫ですか』って声かけてくれたり、手を差し伸べてくれた人の存在は今でも覚えてるし、その時の気持ちもずっと覚えています。本当に苦しかったら自分1人で考え込まずに、ネットなどを使って、もっと相談できる人を広げていってほしいなって思います。そういう相談できる場がもっと増えることを期待しています」

キンタローさん。の心を楽にしたのは、「大変でしたね、大丈夫ですか」と言って手を差し伸べてくれた人の存在だった。

だとすれば、誰もがそういう存在になれる可能性を持っているし、なるという意識を持つことが大切なのではないだろうか。

第5章

学校が君たちを追いつめるのか

不登校24万人の衝撃

日本では、**小中学生の不登校者数が24万人**に達した（2021年度）。これは単純計算をすると、各クラスに1人ずつくらいいる割合だ。

不登校とは、年間30日以上の欠席をしている子供を指す。ただし、病気の子は病欠として別に分類されたり、別室登校の子供は出席として扱われたりするため、実質的に授業に出ていない子供の数はもっと多いだろう。

地域や学校によって多少の違いはあれ、こうしたことを踏まえると、公立の小中学校の教員によれば、だいたい1クラスに3人前後くらいの割合で不登校、あるいは遅刻や欠席が目立つ子供、別室登校の子供がいるような印象だという。

過去を振り返っても、現在の不登校者数は極めて多い状態だと言える。図（5－1）を見てほしい。1980年代くらいから不登校が増えはじめ、90年代半ばからは急増していることがわかるだろう。91年以降は不登校の定義が年間50日以上の欠席から30日以上の欠席に変わったが、今なおかなり高い数のままだ。

そもそも戦争の傷跡が残る50年代くらいまで、不登校と言えば経済的な事情で来られない子供が大半だった。家が貧しく農作業や実家の商いの手伝いをしなければならなかったり、丁稚《でっち》奉公《ぼうこう》のような形で他所《よそ》に働きに出されたりしていたことから、学校へ行けない子供が一定数いたのだ。

図5-1　不登校児童生徒の推移

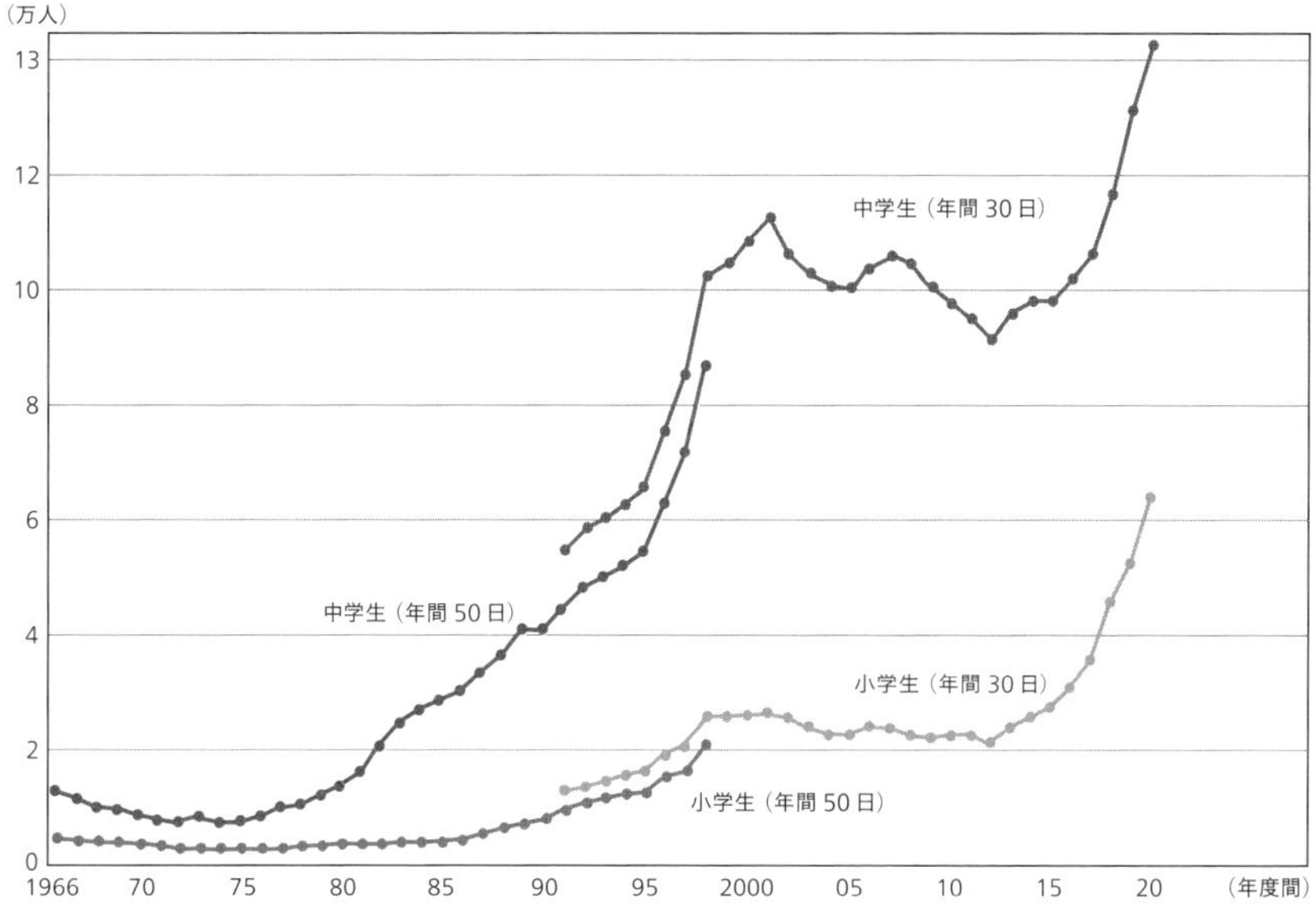

文部科学省「学校基本調査」
（※）1998年度より年間の欠席日数を50日から30日に変更

その風潮が変わったのは、高度経済成長期に入った60年代以降だった。日本の景気がだんだん良くなり、それに伴って経済的に学校へ行けない子供の数が減少していった。そうした中で、別の理由で不登校になっている子供たちの存在が明らかになりはじめたのである。

こうした新しい不登校は、「学校嫌い」「登校拒否」と呼ばれた。名称からわかるように、当時の社会では子供たちが自分の意志で学校へ行くのを拒否していると捉えられた。

そのため、大人は子供が不登校になっているのは精神的な病気、あるいは本人の甘えによるものだと考え、病院へ連れて行こうとしたり、厳しく叱りつけて無理やり登校させたりすることがあった。社会が不登校に対してまだまだ無理解な時代だった。

だが、80年代になって不登校の人数が右肩上がりになるにつれて、社会の側も少しずつ子供たちに向き合い、彼らが抱えている問題を把握しようとするようになる。特にこの時代は、校内暴力、体罰、いじめによって命を落とした子供の事件が社会を震撼《しんかん》させていたことから、学校に原因があるのではないかという見方が強まった。

学校の指導体制が悪いのではないか。受験競争など教育のあり方が間違っているのではないか。生徒の人間関係がゆがんでいるのではないか。至るところで激しい議論が行われた。

こうした中で、新しいムーブメントが起こる。**フリースクール、フリースペースの誕生**だ。

不登校の問題にかかわる大人の一部は、学校の不適切なあり方が子供を不登校に追いやっていると考え、登校を無理強いさせる風潮にノーを突きつけた。そして学校の外に別の居場所をつくるべきだとし、フリースクール、フリースペースを開設したのである。厳密には、スクールとスペースの違いは学習を事業の柱として組み込むかどうかだが、現在はあまり区別なくつかわれるようになっている。

こうした動きとは裏腹に、90年代に入ってからも、不登校の数はますます増加し、歯止めがかからない状態に陥った。学校はそれまで子供たちを登校させることを第一に対策をしてきたが、次第に見守る方向へと舵《かじ》を切るようになる。

教員の代わりに心の専門家であるスクールカウンセラーやスクールソーシャルワーカーに対

応をゆだねる、各校の校長の裁量によってフリースクールなどへ通った日を学校の出席として計算する、地域のNPOとの連携を促す……。

無理に学校へ行かせることで子供が抱えている問題をこじらせるより、本人が自らの意志で登校したくなるように、他機関と連携しながらサポートするという方針を打ち出したのである。

現在、文部科学省は「支援の視点」として次のような通知を出している。

「不登校児童生徒への支援は、『学校に登校する』という結果のみを目標にするのではなく、児童生徒が自らの進路を主体的に捉えて、社会的に自立することを目指す必要があること。また、児童生徒によっては、不登校の時期が休養や自分を見つめ直す等の積極的な意味を持つことがある一方で、学業の遅れや進路選択上の不利益や社会的自立へのリスクが存在することに留意すること」

こうした経緯を踏まえると、学校が生徒に寄り添い、サポートしているのがわかるだろう。問題は、そこまでしているのに、なぜ不登校者数の増加にまったくと言っていいほどブレーキがかからないのかという点だ。

その答えを導き出すには、生徒が不登校に陥っている理由に目を向ける必要がある。フリースクールに集まったり、ひきこもり支援の対象になったりしている子供たちに、その理由を尋ねると、3〜4割は次のように答えるのである。

「なぜ、不登校（ひきこもり）になったのか、自分でもよくわからない」

これを示すのが図（5−2）だ。不登校の理由で圧倒的に多いのが「**無気力・不安**」なので

図5-2 不登校の原因

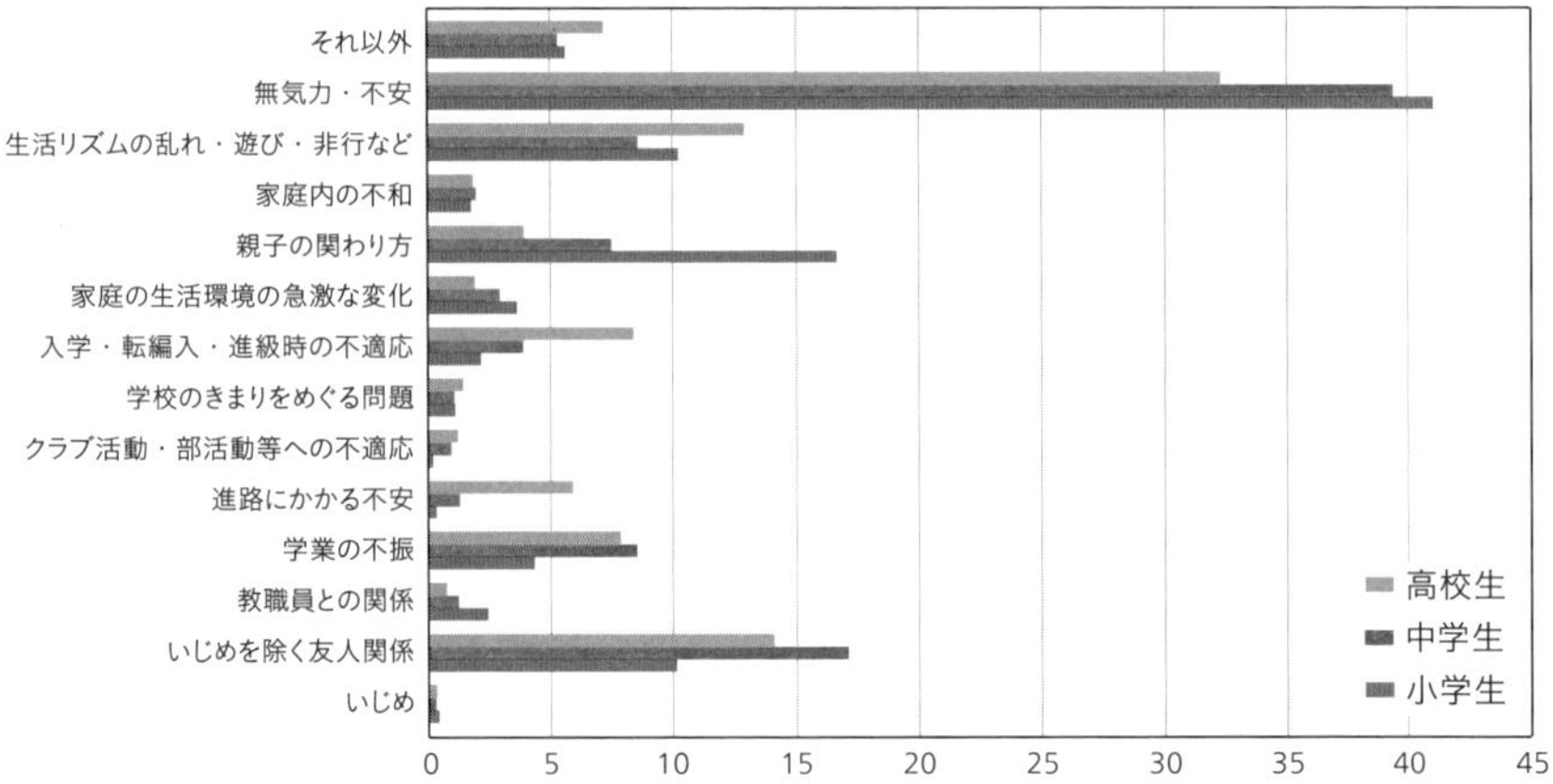

文部科学省「児童生徒の問題行動・不登校等生徒指導上の諸課題に関する調査結果について」(令和元年度)

ある。

無気力・不安とは、子供が自分でもよくわからないうちに、学校へ行く気力を失ったり、漠然とした不安を抱えたりして欠席を重ね、不登校になるというパターンである。小中学生だと、2~3人に1人がそうやって不登校になっている。

学校がいくら子供を理解しようとしても、不登校の増加を止めることができていない理由のひとつはここにある。

もし子供にはっきりとした不登校の理由があれば、教員や親がそれを取り除けばいい。いじめがあるのなら、いじめをなくせばいいし、学業不振で困っているなら、学習支援をすればいい。教員との相性が悪ければクラスを替えるのも手だ。そうすれば、彼らは学校へ来られるようになるだろう。

しかし、子供に明確な不登校の理由がなけ

れば、教員や大人たちはどうしていいかわからない。「わからないけど、なんとなく行きたくない」「なんか学校が嫌だ」と言われても、対策の打ちようがない。そんなこんなで学校が手をこまねいている間に、不登校が増えていく。

ここで考えたいのは、なぜこんなにも多くの子供たちが、漠然とした息苦しさを抱え、学校へ行けなくなっているのかということだ。

実は、彼らはまったく理由がなく学校へ行けなくなっているのではない。**いくつもの要因が重なることによって、自分でも何をどうしていいかわからないまま、不登校になっている**のだ。

君が学校の弱小サッカーチームの一員だとしよう。誰かから「なぜチームは弱いのか。原因を教えてくれれば、それを直して強くしてあげるよ」と言われて、答えられる人がいるだろうか。

チームが勝てない理由は一つや二つではなく、たくさんあるものだ。練習場が狭い、メンバーが少ない、何人か怪我人がいる、コーチが知識不足、仲間の足を引っ張るメンバーがいる、連携が下手、受験の方が大事でうまくなろうという人が少ない、協力的な親がほとんどいない……。

このようにたくさんの問題を抱えているから、チームはなかなか試合に勝てないわけで、何か一つを改善すればすべて解決して強くなれるというわけではない。だから、チームが弱い理由を訊かれても、はっきりとした理由を答えられない。その結果、試合に対して「無気力」であり、「不安」を抱えているとされる。

不登校もこれに通じる部分がある。はっきりとした理由のある場合もあるが、もっとも多い「無気力・不安」の不登校は、子供たちを取り巻く多数の問題が重なり合って引き起こされているものなのだ。それゆえ、本人もこれといった理由を挙げることができず、周りもどうしていいかわからない。

逆に言えば、子供たちの身の回りには、それだけたくさんの問題がひしめいていると言える。それらが高い障壁となって子供たちを取り巻き、得体の知れぬ息苦しさを生み出しているのである。

では、その複数の問題とは何なのか。不登校という観点から、それを見ていきたい。

雪だるま式に膨らむ学校に行けない理由

不登校の子供が複数の問題を抱えるパターンはいろいろあるが、ここでは主に3つ挙げて考えていきたいと思う。

初めに見ていきたいのが、子供が何かしらの問題を抱え、そこからどんどん多様な問題に膨らんでいくケースだ。僕は、これを「**雪だるま式不登校要因**」と呼んでいる。小さな雪の粒が転がっていくうちに雪だるまのように大きくなっていくという意味だ。

これはどういうものなのか。不登校の要因としてしばしば指摘される「いじめ」「家庭不和」の実例を2つ挙げてみたい。

事例　いじめ

黒河みずほ（仮名）は、小学5年生の時にクラスでいじめに遭った。仲の良かった友達が、急に態度を変えてみずほを無視するようになったのだ。それにつられて、クラスの数人が同じようにみずほと口を利かなくなった。

最初のうち、みずほは嫌な思いをしながらも学校へ行っていたが、他のクラスメイトから見て見ぬふりをされるのがつらかった。明らかにいじめがあるのに、誰も止めに入ったり、心配してくれたりしない。彼女はクラスメイトに対して不信感を募らせた。

彼女は同時に、担任の教員への不満も膨らませた。いじめにまったく気がつかないどころか、加害生徒をかわいがっているのを見て、あの先生はダメなんじゃないか、自分のことなんてどうでもいいと思っているんじゃないかと考えだしたのだ。

学校を休む日が増えると、両親から怒られることが増えた。みずほが学校で何人かに無視されているのだと答えると、こう諭された。

「友達とうまくいかなくなることなんて誰にだってあるよ。相手を責めてばかりいないで、自分にも悪いところがあるんじゃないかって考えてみたら？」

なぜいじめられている自分が悪いと言われなければならないのか。みずほは二度と親には相談するまいと心に誓った。

学校を休むようになって2カ月が経つと、みずほは学習が大幅に遅れてしまった。時々届けられるプリントを見ても、何のことかさっぱりわからない。勉強ができなければ、学校へ行ったところで、ついていけずにつらい思いをするだけだ。そう考えると、ますます学校から足が遠のいた。

事例　家庭不和

進藤雄星（仮名）は、母子家庭の一人息子として育った。親子仲は良く、寝るのもずっと一緒だった。

小学4年生の時、その母親が急に結婚すると言い出した。新しい夫には3人の子供がいるため、雄星をつれていけないという。そのため、雄星は、1歳の時に離婚した父親に引き取られた。

雄星は父親との暮らしになかなか慣れることができず、わざとわがままを言って困らせた。学校をさぼり、教科書を破り、食べ物がまずいと言って食卓をひっくり返す。父親に嫌われれば、母親がもどってきてくれるかもしれないと思ったのだ。

父親はそんな雄星を一切叱ることをせず、すべてを受け入れてくれた。

「学校が嫌なら行かなくてもいい。でも、先生が心配するから給食だけ食べに行ったらどうだろ。行きも帰りもお父さんが車で送ってあげるから」

学校もそれを歓迎した。父親は学校へ行けるなら少しでも行ってほしいと思ったのだろうし、学校の方も同じ気持ちだったのだろう。

こうした父親と学校の善意が、逆に雄星のストレスになった。彼はたまに学校へ行ってはクラスメイトにいじわるをしたり、先生を侮辱するような発言をくり返したりした。友達はそんな雄星を煙たく感じ、1人またひとりと離れていった。教師も積極的に手を差し伸べなくなった。

家にも、学校にも居場所がなくなったことで、雄星はゲームだけが唯一の楽しみになった。父親が何も言わないのをいいことに毎日明け方までゲームをして、日が出てから眠る。そうなると、目を覚ますのは昼過ぎで、給食のために学校へ行くことさえ面倒になってくる。そしていつしか雄星はまったく学校へ行かなくなった。


この2つのケースを見て、どう感じただろう。

みずほのケースも、雄星のケースも、最初は「いじめ」「家庭不和」といった単独の問題にすぎなかった。ところが、そこから友人関係の問題、学習面での問題、生活リズムの問題、学校への不信感といった問題が次々と発生し、最後はあらゆることがうまくいかなくなって、学校へ行くのをやめてしまった。学校へ行けない理由が雪だるま式に膨らんだのだ。

このように問題が複雑化すると、彼らは自分が不登校になった原因を絞って解決することが難しくなる。

みずほの例で考えてほしい。もし彼女が不登校になったのはいじめが原因だと訴え、学校側が彼女を無視した生徒を呼び出して注意したとする。これでいじめがなくなったとして、彼女は次の日からすぐに学校へ行けるようになるだろうか。

きっと難しいだろう。いじめは解決しても、それを発端にして生じたクラスメイト、教員、親への不信感は残ったままだし、学習の面でも大きく後れをとっている。こうなると、いじめの問題が解決しても、彼女は学校へ行けないということになる。

雄星も同じだ。仮に父親と母親が話し合って、家族の不和が解決したとしよう。それですぐに通学できるようになるだろうか。

これもまた困難なのは明らかだ。彼のクラスメイトや教員との関係は改善していないし、生活の乱れも直っていない。その状態では、すんなりと学校へ行けるようにはならないだろう。では、どうすればいいのかということまでは、本人にはなかなか思いつかない。

このように、雪だるま式不登校要因の場合は、最初の問題が生じてから時間が経てば経つほど複雑化してしまう。本人も何が原因なのかよくわからなくなる。本来はそうなる前に手を打てればいいのだが、子供を取り巻く環境の変化は速く、あっという間に物事が悪い方向へいってしまう。

そのため、教員や親が気づいた時には、問題がこんがらがって解《ほど》きようがなくなっていることがあるのだ。

学校を覆う息苦しさの正体

不登校の第2のパターンとして次に挙げたいのが、「**閉塞型不登校要因**《へいそくがた》」だ。

君は、テレビや映画で昔の日本の牧歌的な学校生活を見たことがあるだろうか。田んぼの中をのんびりと登校し、途中の畑に実っている果物をもいで食べ、授業になれば我先にと手を挙げて発言する。休み時間になれば、一目散に校庭に駆け出して、泥だらけになって鬼ごっこやチャンバラに興じる。

こうした光景と比べると、君たちが知っている今の学校生活はずいぶんおとなしく、ギスギスとしたものになってはいないだろうか。特に新型コロナが流行してからは、給食における黙食はもちろん、昼休みを過ごす場所を学年ごとに指定されたり、他所のクラスに入ってはいけないと決められたりしている学校も多いだろう。

学校によって定められたルールは、しばしば「**管理教育**」という言葉で問題視されてきた。

現在の学校システムができたのは戦後になってからだが、それから80年近くの間に教育現場では様々な出来事があった。

校内暴力、いじめ、給食アレルギー、体育や部活での事故、ファッションの変化、携帯ゲーム、スマホ……。それらが風紀を乱したり、子供を危険にさらすと見なした場合、学校はすぐさまそれを防ぐために校則として新しいルールをつくった。それが長い歴史の中で蓄積され、膨大な数に上ったのである。

表5－1　中学時代の校則体験

(%)	10代	20代	30代	40代	50代
給食を残すと、休み時間に遊びに行けない	3.8	4.2	6.2	6.4	1.9
髪の毛の長さが決められている	26.6	16.7	13.7	32	25.4
髪型が細かく指定されている	20.9	17.3	10	15.6	13.2
スカートの長さが決められている	57	38.1	23.7	40.4	34.7
下着の色が決められている	15.8	4.8	1.9	3.2	0.9
眉毛を剃ってはいけない	44.3	20.2	8.1	11.2	8.5
整髪料を使ってはいけない	38.6	19.6	10.4	10	7
チャイムの前に着席をする	51.9	16.1	16.6	20.4	12.7
カバンや制服はおさがりではなく新品でなくてはいけない	0.6	1.8	0	1.6	0
冬でも、ストッキングやタイツ、マフラーなどの防寒対策をしてはいけない	7.6	2.4	2.4	6.4	4.7
体育や部活時に水を飲んではいけない	3.2	3	4.7	17.2	9.4
帰宅途中に買い物をしてはいけない	50	23.2	31.3	30	19.7
教科書や辞書を学校に置いて帰ってはいけない	26.6	12.5	12.8	22.4	14.1
日焼け止めをもってきてはならない	8.2	5.4	3.3	5.2	1.9
リップクリームをもってきてはならない	6.3	3	2.4	7.6	3.3
恋愛をしてはいけない	1.3	4.8	1	2.4	1.4
SNSをつかってはいけない	3.8	3.6	0.5	1.2	0.5

荻上チキ・内田良『ブラック校則』東洋館出版社、2018

女子のファッションをとってもそうだ。長髪のパーマが流行れば、それを禁止する校則ができる。スカートを長くして学生鞄を薄くするのが流行れば、それを禁止する校則ができる。

同じように、茶髪、つけまつ毛、口紅、ルーズソックス、ピアス、短いスカート、カラコン……、新しいファッションが生まれるたびに校則が増えていくことになり、原則的に減ることがない。

表（5－1）を見ると、君たちの世代と、親の世代とでは校則にまつわる体験に明らかな差があることがわかるだろう。

学校の言い分としては、子供たちを預かっている以上、安全や秩序を守るのは当然だということになる。学校だけでなく、社会にもルールはあり、それを守る経験をさせるのも教育なのだ、と。

だが、それがあまりに行き過ぎると、学校が生徒をがんじがらめにすることになる。指導が、管理になる瞬間だ。

器用な子供であれば、学校側が定めたルールをうまくかいくぐり、やりたいようにするだろう。教員とて心の底では、バレずにうまくやってくれる分にはいいと思っている人も多いはずだ。一方で、上手に立ち回ることができない子供や、特別な事情からそれが難しい子供にとっては、ひとつひとつのルールが高い壁となって息苦しさを感じることになる。

たとえば、生まれつき肌が弱い子供が通う学校に、「日焼け止めやリップクリームの禁止」という校則があったとする。

学校側は「きちんと申告すれば、使用を認める」というだろう。だが、その子が人とコミュニケーションを取るのが苦手で、自分のことを人にうまく説明できないタイプだったらどうだろうか。何も言えないまま学校生活に息苦しさを覚えるのは避けられない。

あるいは、学校に家の家事を一手に担っているヤングケアラーの子供がいたとする。その人にとってベストな生活は、授業が終わればすぐに下校し、途中で夕食の買い物をしたり、幼い弟妹を保育園に迎えに行ったりすることだ。効率よく回していかなければ、生活が立ち行かなくなる。

ところが、学校に「登下校中の買い物禁止」「通学路以外への寄り道禁止」のルールがあったら、どうだろうか。先生に事情をつたえ、理解を得ることができなければ、校則が余計な負担となって圧《の》しかかることになるのは明らかだ。

また、発達の特性が壁になる子供もいる。自閉の傾向がある子供は、人とかかわるのが苦手で、特定のことに強い執着心を抱く。たとえば、髪を伸ばすことにこだわりを持っている子供などは、髪を一定の長さに伸ばしていなければパニックになってしまうのだ。

もし彼の通う学校に「髪型の規定」があったらどうだろう。先生は、髪を伸ばしていることを注意するはずだ。明日までに切ってきなさい、と。だが、彼も自分の特性を正確に説明することができない。すると、先生から何度も同じ注意をされているうちに、学校へ行くこと自体がつらく感じるようになる。

ここからわかるのは、**コミュニケーションが苦手だったり、ハンディを抱えている子供ほど、管理教育に息苦しさを感じることが多い**ということだ。器用で健康な子供であれば何でもない校則が、そうではない子供にとっては高い壁となって自分を取り囲んでいるように感じるものなのである。

また、学校以外でも、子供に対する管理は年々厳格になっている。それも子供たちを苦しめる要因だ。

たとえば、昔は学校が終われば、子供たちはそのまま公園や野原へ走っていって、ランドセルを放り投げて友達と遊んでいた。そこには、大人の管理とは無縁の自由な世界が広がっていた。たとえ学校や家が厳しくても、そこは彼らにとって息を抜ける楽園のような空間だった。

ところが、今はどうだろう。共働き家庭が増えたことで、子供たちは授業が終わったら、同じ学校の敷地内にある学童やＢＯＰ（Base Of Playing：遊びの基地）へ行き、日が暮れるまで顔見知りの子供たちと過ごし、その後は親が決めた塾など習い事へ直行する。

これらは、子供たちの自発性からつくられた空間ではなく、大人によって管理された空間だ。学童にせよ、ＢＯＰにせよ、校則同様に「○○をしてはいけない」ということが細かく決められている。そうなると、1日のほぼすべてを、親や先生をはじめとした大人の管理下に置かれることになる。もっと言えば、ほぼ24時間にわたって子供たちは大人によって監視される。

つまり、現代は子供たちにとって、大人の管理から離れることが非常に難しい時代になっているのだ。これこそが、子供が心に閉塞感を抱く原因だろう。

今一度、話を学校にもどそう。教室の中で子供たちを圧迫しているもうひとつの要因が、**集団の中の例外に対する不寛容といった社会的な圧力**だ。

現在の日本社会には、特定の考え方が〝正論〟として強い力を持って、そこから外れた意見に不寛容となりがちだ。インターネットの世界を見てみればわかりやすい。有名人が自分とは違う意見を一言漏らしただけで、何千人、何万人という人たちが一斉に矢のような批判を浴びせかけ、「炎上」と呼ばれる現象が起きている。これはそれだけ集団が例外を許さなくなっているということだ。

同じことは、学校においても当てはまる。学校には、クラスの秩序を乱さない、すべての生徒と分け隔《へだ》てなく仲良くしなければならない、政治や社会の問題に関心を持たなければならない、身の回りを整えて迷惑をかけないようにしなければならないといった、もっともらしい暗黙の了解が無数にある。

学校でうまくやっていくには、子供たちがこれらの風潮のひとつひとつに自分を合わせていく必要がある。それができなければ、他のクラスメイトたちの非難の的となり、時にはコミュニティから外されかねない。極端に言えば、みんなが一体となって秩序を守ることが求められている風潮があるのだ。

だが、すべての子供たちがそうできるだろうか。現実的には、非常に難しい。

人間は十人十色であり、性格も考え方も表現の仕方も違う。みんなと仲良くしろと言われても、人と付き合うのが不得意な人にとっては簡単ではないし、静かにすわっていろと言われても、多動的な特性のある人にとっては困難だ。

実際、30〜40年前の学校にも、授業中にじっとしていることができずに歩き回る子供や、整理整頓ができずに机や学生鞄の中が教科書やプリントでグシャグシャになっている子供がいた。当時は生徒の中にはこういう生徒が一定数いるものだとされ、そこまで問題視されなかった。「困ったヤツだ」「あいつはいい加減だなぁ」くらいに思って見すごされた。

ところが、例外を許さない風潮が強くなるにつれ、教室でそういう子供を他の生徒と同列に扱っていいのかという疑念の声が上がるようになった。生徒ばかりでなく、保護者からも批判の声が上がった。

こうなると、学校の側も、そうした子供たちに何らかの対処をしなければならなくなる。教頭など手の空いている教員がサポートに来る、親が教室内で付き添う、別室で個別対応を受けるなど、特別扱いされるようになったのである。

図5-3　発達障害児の推移（障害種別、小・中・高等学校計）

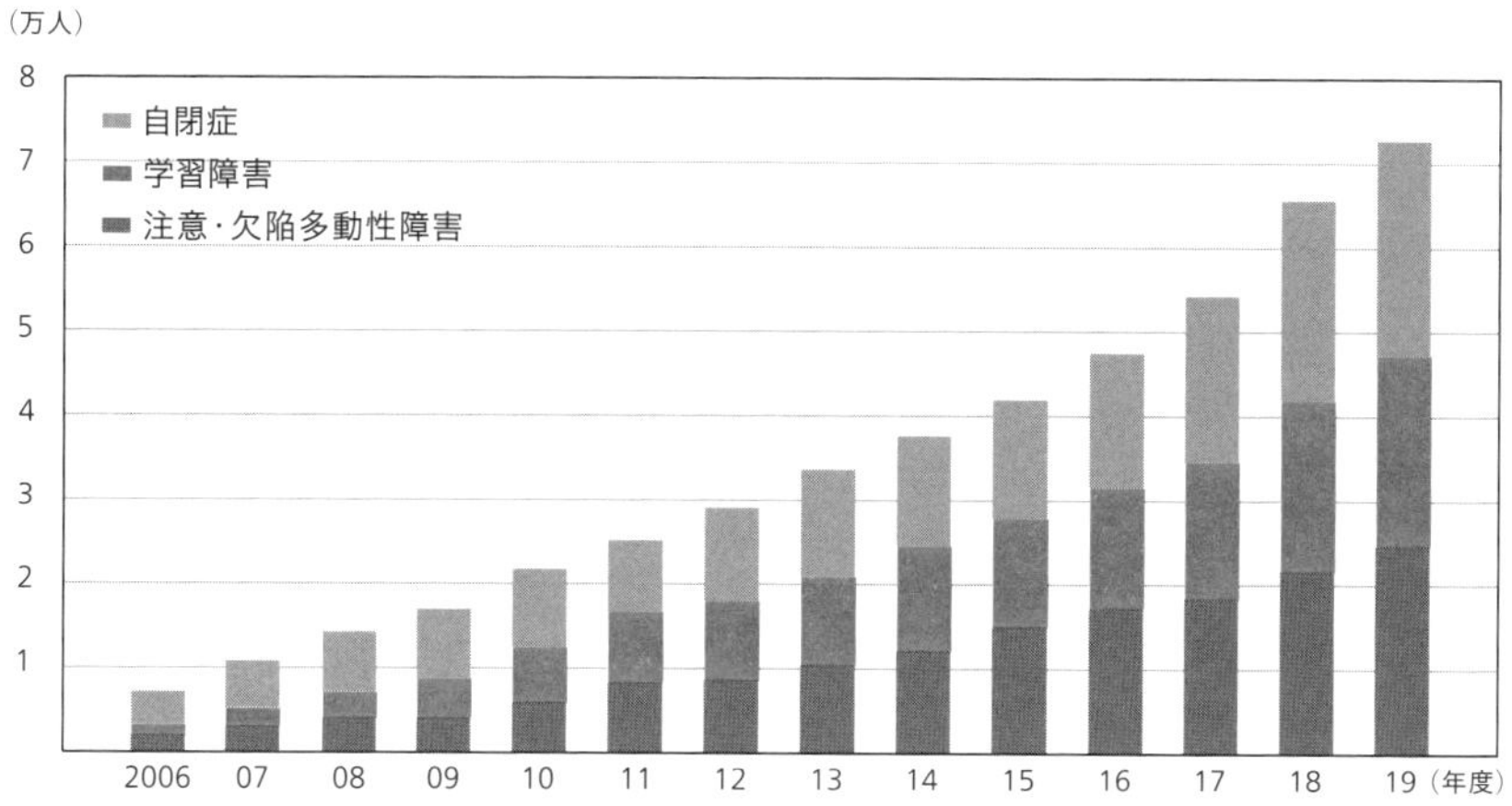

文部科学省「通教による指導実施状況調査結果について」

また、生徒がかなり強い特性を持っている場合は、「発達障害」として分類されるようにもなった。発達障害の特性は、多くの人たちが大なり小なり持っているものではあるが、それがどれだけ生活に支障をきたすかによって障害か否かが決まる。当然、社会の例外に対する寛容さがなくなれば、判断の基準は上がることになる。

図（5－3）を見れば、一時代前と比べて発達障害の子供が増えているのがわかるだろう。発達障害への理解や診断が進んだことも大きいが、これまで述べたように社会に蔓延する不寛容も要因のひとつとなっているのではないか。

実際に先の例で考えれば、教室の中で空気を読まずに自分の好きなことばかり話していると「自閉スペクトラム症」と認定されたり、集中力がつづかずに身の回りの整理がきちんとできないと「ADHD（注意欠如・多動症）」と認定されたりしている。

発達障害として認定することは、その子の特性を明確化するという点において決して悪いことではない。周りがそれを認識し、理解やサポートすることが可能になるからだ。ただ、社会が例外を認めにくい風潮が大きくなればなるほど、「障害者」というレッテルを貼られる子供が増えていくこともまた事実なのである。

こうしてみると、学校の中で管理教育や不寛容が強まるにつれ、特性やハンディのある子供たちがより生きづらさを抱えることがわかるだろう。

かつて不登校の取材をした時、発達障害とまでは診断されなくても、少しその傾向があるという子供に会ったことがある。中学1年生の女の子で、小学5年生から不登校がつづいていた。

彼女はこんなふうに語っていた。

「なんか、学校へ行くとあれもこれもっていろいろ言われるから、なんかどうしていいかわからなくて……。すごく疲れるっていうか、私って学校に向いてないなって思う。教室にいるだけでなんかドキドキするっていうか、怖いっていうか……。それで疲れちゃって、学校へ行くの止めました」

おそらく彼女は学校全体の閉塞感に耐えきれず、教室にすわっていることさえ苦しくなってしまったのだろう。何かひとつの原因というより、複合的な要因が重なって教室にいられなくなったのだ。

こうした子供たちの多くは、自分を取り巻く息苦しさの正体を正確に把握することができない。

校則はあって当たり前、一般論こそが正義、秩序を乱すのは厳禁といった空気の中で育っていれば、それらに疑問を抱くことはないだろう。だから、苦しさの原因が何かわからないまま、息がつまって、学校へ行けなくなるのだ。

親と子の距離感がうまく取れない

3番目に挙げる不登校の要因が、「自己不確立型不登校要因」だ。

子供というのは、親に支えてもらいながら、しかし年齢に応じて親と適切な距離を取って生きていくことで、その子なりの「自己」を確立していく。乳児であれば乳児なりの距離が、幼児であれば幼児なりの距離が必要であり、それがあるからこそ子供は家庭の外で様々なことを経験し、自分のアイデンティティを形成していける。

だが、中には親と適切な距離を取ることができず、それをうまく確立できない子供がいる。虐待でなくても、親が良かれと思って築いてきた関係性が、子供から大切なものを奪っていることがあるのだ。

次に示すのは、誤った距離感のために、子供が自己を確立できなくなるケースだ。年齢の異なる2つのケースを紹介したい。

事例　母子分離の失敗

両親が40歳を過ぎて初めて授かったのが、手塚真菜（仮名）だった。父親は常に妻を尊重するやさしい性格で、母親は何度か流産や死産をくり返していたことから娘に対して人一倍心配性だった。

母親はどこへ行くときも真菜を手放さなかった。幼稚園へ入ってからも、母親は「真菜が寂しがっている」という理由でずっと教室の後ろで見守り、トイレも一緒についていくほどだった。そのため、真菜は休み時間になったらすぐに母親のもとへ駆け寄り、同じ年齢の子と接する機会が極端に少なかった。

小学生になった真菜は、学校になじむことができなかった。それまで親と長い時間離れたことがないので、不安になって「教室で一人ぼっちになるなら行きたくない」と言い出したのだ。

母親は段階的に学校へ通わせようとした。最初は学校の教室まで入っていって後ろで見守り、次は1時間目の開始と同時に帰り、次は学校の正門まで届けてから別れるといったように、少しずつ距離を離そうとした。

真菜もがんばるのだが、その日気分が乗らなかったり、学校で何か嫌なことがあったりすると、「行きたくない」「お母さんが傍にいてくれなければ嫌」と言うので、母親もまた教室までついていく。1年生から3年生までずっとそのくり返しだった。

問題が起きたのは、小学4年生になって間もなくだった。授業中の発言をクラスメイトに笑われたことがあった。それにショックを受け、次の日から真菜はまったく学校へ行かなくなった。

「学校は嫌。お母さんがついてきてくれても嫌！」

彼女はそう言って聞かなかった。母親が教室までついていこうか、勉強がわからなければ教えてあげようかと言っても、「そうじゃない」「とにかく嫌」の一点張り。そのまま数年にわたる不登校になった。

これは小学校低学年から中学年でしばしば見られる不登校の形だ。

「**母子分離**（**親子分離**）」という言葉を聞いたことがあるだろうか。子供にとって母親は大きな存在だが、年齢に応じてだんだんと距離を取っていかなければならない。

幼稚園に入園した子供は、当初は母親と離れることを寂しがって涙を流すが、代わりに先生に愛情を注がれているうちに、だんだんと慣れて1人でも過ごせるようになっていく。安心できる場であれば、親と離れていても不安を抱かなくなるのだ。

小学校に入学する時は、誰もが多少なりとも緊張するものだ。だが、クラスメイトと仲良くなったり、一緒に登下校する友達が増えたりするうちに、通学が楽しくなってくる。中学年くらいになれば、友達と近くのプールに泳ぎに行ったり、お店で買い食いしたりするようになるだろう。親から離れることに楽しさを見いだすのだ。

このように、年齢に応じて子供は親、特に母親と離れることに慣れていく。壁にぶつかっても、いちいち親には言わず、黙って自分で解決する。そういう積み重ねの中で、子供は自立していくのである。

ところが、いろんな理由でその距離をうまく取れない場合がある。

真菜の場合は、母親の過保護とも言うべき子育てが原因だった。これによって幼い頃に母親との距離を取れないまま小学生になったことで、随所で不安（これを「母子分離不安」と呼ぶ）を膨らませ、ついには不登校になった。

それ以外にも、親子の関係が近くなりすぎる原因はたくさんある。

幼い頃に子供が大怪我をしたため親がずっと付きっきりでいた、父親がＤＶをするのでずっと母親が子供を守っていた、親が病気だったために子供が傍にいざるをえなかった……。あるいは、本人が生まれつきそういうタイプだということもあるだろう。母子分離がうまくいかない場合、親の責任が問われることが多いが、このように多様な事情がある。

次は、小学校高学年くらいでしばしば見られるケースを紹介しよう。

事例　親の押し付け

加藤大成（仮名）は父親が警察官、母親が高校の教員という家庭で育った。両親ともに教育熱心で、一人息子だったこともあって幼い頃から学習塾に英会話にソロバンと様々な習い事をさせていた。

大成自身はおとなしいタイプで、親に言われるままに習い事をこなしていった。父親が怖かったこともあって、反抗したことがなかったそうだ。

小学生になると、大成は中学受験という大きな目標を与えられ、週のうち5日は塾や家庭教師をつけられて勉強することになった。宿題を終えて眠るのは、毎日深夜の1時、2時だったという。

大成は成績が良かったが、地域でトップの名門校に合格するほどではなかった。そのため、両親の教育熱は学年が上がるにつれて高まっていき、学校を休ませて明け方まで勉強をさせることもあった。

その甲斐《かい》あって、大成はそこそこ名の通った進学校に合格した。だが、両親の態度は冷たかった。

「トップの学校に合格できなかったんだから受験は失敗ね」

彼の努力をほめることもせず、切り捨てるような言い方をしたのである。

中学に入った後、大成は燃え尽きたように勉強や運動が手につかなくなり、どこにいても一日中ボーッとして過ごすだけになった。あらゆることに身が入らず、クラスメイトのおしゃべりに加わることもできなかった。

最初は自分でもなぜだかわからなかった。だが、そんなことがつづくうちに、だんだんと自分が人よりも劣っているのではないかという不安に苛まれるようになった。自分は人生の落伍者《らくごしゃ》なのではないか……。

そんな思いが高まったのは、1学期の終わりだった。定期テストの結果は散々で、学年でも最下位クラスだった。

大成は、小学校時代とはあまりに違う自分の現状にショックを受け、2学期からぴたりと学校へ行かなくなった。布団から起き上がれない、家を出ようとすると体が動かなくなる、電車に乗るとパニックになるといった症状が現れたのだ。

母親はどうしてこうなったのかと尋ねた。大成は答えた。

「わかんない。とにかく、今は（学校行くのは）無理！」

1年間経っても状況が変わらなかったため、大成は私立中学を中退し、地元の公立中学に移ったが、そこでも学校へ行けない状態がつづいている。

これは中学だけでなく、高校、大学、それに就職してからでも起こりうる「**バーンアウト（燃え尽き症候群）**」と呼ばれるものだ。

親が教育やスポーツや芸術に熱心な場合、子供に幼い頃から英才教育を施そうとすることがある。それは必ずしも悪いことではないが、本人が心からそれを望んでいるかどうかは別だ。

本人がやりたいと思ってやっていれば、その経験はアイデンティティ形成につながり、自信を持って成長していくことができるだろう。また、身につけたことを軸に、いろんなことに興味を広げていくようにもなる。

しかし、大成のように親から一方的に押し付けられ、何も考えずにそれだけをやっていたらどうか。もしかしたらそれなりの成績を出すことはできるかもしれないが、彼自身は空っぽのままだ。

すべての決定を親に委ねる。親に気に入られることがすべて。自ら進んで何かをすることがない……。

こうなると、親から与えられた中学受験というゴールに達した時点で、その先の目標を失って燃え尽きてしまう。それまでに自分というものをつくり上げてこなかったので、何をどうしていいのかわからなくなる。それで抜け殻のようになっているうちに周囲に追い抜かれ、自信を失い、適応できなくなってしまう。

また、バーンアウトは、目標に向かっている過程で突如として起こることもある。受験勉強の追い込み期間中、全国大会の直前、コンサートの最中に、不安に耐えられなくなって、「もうどうでもいい」「やめたい」と考えて投げ出してしまうのだ。

こういう子供たちを見ていてかわいそうだと思うのは、それまで自己を確立するための段階を踏んでこなかったので、一旦燃え尽きてしまうと、なかなか次のステップに移れないことだ。

それまで自分の意思を持って行動をしてきた人は、何かしらの壁にぶつかっても、次にどうするかを自力で考え、動くことができる。だが、親の言いなりになって、他者の目だけを気にして生きてきた子は、どうしていいかわからなくなる。それが学校において、不登校という形となって現れる。

こうした子供たちは、なかなか自分のことを客観的に見ることができない。自分がなぜ燃え尽きたのか自覚できていないのだ。だから、異口同音にこう言う。

「理由なんてわかんないし、もうどうでもいい。とにかく行きたくない」

親の側も同じだ。彼らにしてみれば、子供のために良かれと思ってやってきたという自負がある。大成の親がまさにそうだろう。だから、自分の行動が母子分離の失敗やバーンアウトを引き起こしたことを認めず、こういう言葉をかける。

「どうしてここまでやってきたのに諦《あきら》めてしまうの？」

その結果、子供にも、親にも、不登校の原因がわからないまま、深い迷宮に彷徨《さまよ》い込むことになるのだ。

フリースクールはどう取り組んでいるのか

不登校を「雪だるま式不登校要因」「閉塞型不登校要因」「自己不確立型不登校要因」と3つのケースで見てきた。

ここではわかりやすく3つに分類したが、本来はかならずしもはっきりと区別できるものではない。今回挙げたようなことが複数絡み合うことで、さらにややこしい状態になっていることも少なくない。

たとえば、雪だるま式不登校要因に加えて管理教育が絡み合うことによって余計に事態が複雑になるとか、自己不確立型不登校要因を発端に雪だるま式に別の問題が積み重なるといったことが起こるのである。

もっと言えば、現代に特有の問題が上乗せされることもある。親が精神疾患になって子供のケアができない、子供が一日中オンラインゲームにのめり込んでしまう、教員が多忙で生徒ひとりひとりに向き合う時間がない、不況がつづく社会に希望がない、地域の中で孤立していて第三者が介入できない……。

このようにいくつもの要因が重なれば、問題解決が難しくなるのは必然だ。ある児童精神科医は次のように述べていた。

「不登校というのは、今の社会が生み出した病理みたいなものです。家庭の変化によって子供が弱くなり、社会の変化で多くのことが要求されて余白みたいなものがなくなっていった。学校側も人手不足でそれに対応することができない。いろんなことが原因になって子供たちがどうしていいのかわからなくなってしまっているのが現代なのだと感じています」

僕自身、この意見に賛同する。たしかに大きないじめや校内暴力といった可視化できる問題はひと時代前に比べてずいぶん減った。

だが逆に、現代社会の中では目に見えない、つまり不可視なプレッシャーは確実に増加している。だから、子供たちは無自覚なうちに息がつまり、いつしかパンクするといったことが起きているのだ。

どうすれば、こうした子供たちの抱える困難を和らげることができるのか。

僕は日本全国のフリースクールを取材してきた経験から、そのために必要ないくつかの要素を紹介したい。

まず、子供たちは不登校になった時、パニックに近いような精神状態に陥っている。なぜ自分が学校へ行けないのかを把握できず、「もうダメ」「とにかく行けない」「理由なんてわからない」と語るのはそのためだ。いくつもの原因が絡み合って、どうすればいいのかわからなくなっているのである。

子供がこうした状態になっている時、親や教員に「きちんと話し合おう。何が問題なのか教えてくれないか」と言われても、なかなか冷静に意見を述べることはまずできない。そもそも、それが難しいから不登校になっているのだ。

フリースクールのスタッフはたくさんの経験から、そのことを熟知しているので、いきなり不登校の理由を問いただすようなことはしない。フリースクールという場所に招き入れ、好きなことをしていいよと言う。ゲームをしたっていいし、お菓子を食べたっていいし、漫画を描いたっていい、と。

ここで重要なのは、まず学校から離れて、安心できる空間にしばらく身を置くということだ。そうすると、少しずつパニックが収まって落ち着きを取りもどす。1カ月かかろうと、半年かかろうと、スタッフの人たちはじっと待つことによって、子供たちの心を安定させようとする。

子供がフリースクールという空間に慣れたのを見計らって、スタッフは少しずつ子供たちがレクリエーションに参加したり、自分たちでイベントを起こしたりするのを促してみる。子供たちは今いる場や人間関係が安全だとわかると、そこで自分の興味のあることをするようになる。

この時点でも、子供たちの行動はその子の意志に任せられる。何人かで社会科見学へ行くのもいいし、自分たちの発案でゲーム大会を開催するのでもいい。料理教室、動画編集、家庭菜園、ペットの飼育などをするのでもいい。もちろん、嫌なら1人で別のことをしていてもいい。

スタッフが待っているのは、子供たちが自分の意志で物事を行うようになることだ。人は自ら何かに取り組むと、自然に「この感動を人に伝えたい」「次はこうしたい」「今度は誰かとやりたい」と考えるようになる。それは他者から押し付けられたものではなく、100％その子の意欲だ。それを少しずつ積み重ねていくことの先に、本人がやりたいと思うことが明らかになってくるのだ。

すでに見てきたように、不登校の子供たちは、管理社会、親との関係性、バーンアウトなどによって、自分の意思決定で物事に取り組む機会を奪われてきた。だからこそ、**そうした環境から引き離し、子供が自分自身の発想で何かをし、意欲を持ち、次の行動に進ませることが大切**なのだ。

総じて、評判のいいフリースクールの取り組みは、次のようなステップで行われることが多い。

1　安心できる空間に身を置いて、乱れている心を安定させる。

2　自発的な行動を促すことで、様々なことを感じる力を養う。
3　これによって子供は自ら表現したり、何かに取り組んだりする意欲を持つ。
4　行動が広がることで、自分自身が本当にやりたいことが可視化される。

大事なのは、**学校へ行くということを最終的なゴールに定めない**ことだ。

学校はたくさんの友達に出会え、多くを学ぶ機会を得ることができる場だ。僕自身も子供にとって必要な場だと思っている。

ただし、すでに見てきたように、すべての子供にとって今の学校が居心地のいい場であるわけではない。無理をして通うことによって心に傷を負ったり、受験競争に打ち勝ったところでバーンアウトしたりすれば、逆効果だ。

そもそも学校に通う理由とは何だろう。

多くの人は、「学力をつけるため」と答えるかもしれない。だが、それはむしろ、二次的なものだ。学校へ行くもっとも大きな意義は次のようなものだ。

「学校での様々な学びを通して、自分の意志を持ち、表現し、社会で生きていくための力をつける」

つまり、人間として成長し、社会に出るのに必要な力をつけることこそが目的なのだ。学力というのは、それを達成するための武器のひとつにすぎない。

大部分の子供たちにとって、学校は今述べた力をつけるために必要な空間として機能している。だが、不登校の子供に限れば、そうではない。

だとしたら、社会や大人は、学校が合わない子供に対して、学校へ行かせることを最終的なゴールにするべきではないだろう。

もし学校へ行けなくなったのだとしたら、先ほどのフリースクールの例で見たように、子供を落ち着かせ、自発的な行動を促し、自らの意志をきちんと持てるようにさせることが先決だ。そこから意欲が生まれれば、子供たちは自分がどうするべきなのか、そのために学校へ行くべきなのか、それとも別の道があるのかといったことを考えられるようになる。

もちろん、フリースクールは数ある選択肢のひとつでしかない。それ以外の場所でも、子供たちの自発性を促すことは可能だ。

僕が印象に残っている不登校の男の子を紹介しよう。

事例 周囲が支える

久保翔真（仮名）は、小学4年生の時に両親が離婚した。母方の実家で暮らすことになったが、母親は仕事に忙しかったばかりか、新しい恋人と出かけてばかりで家にいることがあまりなかった。

翔真は寂しさから、祖父母に当たったり、学校を休んだりすることが増えた。たまに登校しても、クラスメイトと些細なことでぶつかり、相手のペンケースを壊して親が呼び出されたこともあった。

5年生になってから、翔真はまったく学校へ行かなくなった。ただ、放課後のテニスクラブだけは好きだったので、週に1回の練習にだけは通っていた。テニスクラブのメンバーは、他のクラスや学年の子が多かったこともあって普通に付き合っていたし、キャプテンの男の子はよく家に誘ってくれた。

いつしか翔真はキャプテンの男の子の家で月に1度夕食をとるようになった。親が家庭環境や不登校を心配して家にクラブの友人たちを集めて食事会を開いてくれたのだ。

ある日、この食卓で、翔真は何げなく歴史の話をした。離婚した父親が歴史好きだった影響で、翔真は幼い頃から大河ドラマを見たり、歴史関係の漫画を読んだりして、歴史に詳しかったのだ。

その場にいた友人たちは、翔真の博識に驚いた。

「翔真、マジすげえじゃん！　なんで、そんな知ってるの？　天才？」

みんな次々とそう言った。翔真はそう言われて初めて、自分が人から驚かれるほどの歴史の知識を持っていることに気がついた。

それ以降、彼はキャプテンの家に遊びに行く度に、歴史関係のＤＶＤや本を持参した。夏休みの歴史の自由研究を手伝ったこともあった。

キャプテンの母親からは、「うちの子にも歴史を学ばせたいから、参考になる本を教えて」と頼まれて、書店で歴史の本を選ぶ手伝いをした。いつしか、学校の中で「翔真は歴史にめちゃくちゃ詳しい」という話が広まっていった。

翔真が学校へ行くようになったのは、6年生になってからだ。最初は「社会の授業なら出てもいい」と言って、週に何時間か行くようになったのだ。当然、その時間は誰よりも発言できるし、周りからも尊敬の眼差しで見られる。すると、だんだんと周りと会話が弾むようになる。

そんなふうにして、翔真は少しずつ他の授業に出るようになったり、学校のイベントに参加するようになったりした。そして2学期を過ぎたあたりから、彼はほぼ毎日学校へ行けるようになったのである。


この翔真のことで着目したい点が3つある。

まず本人が学校のクラスメイトとは仲良くできなくても、テニスクラブの気心の知れた友達とは付き合いつづけたことだ。

第2章で触れた「自発性」を思い出してほしい。気の合う友達に囲まれていれば、その子はプレッシャーから解き放たれ、自然に自分の意見を持ったり、何かに取り組んだりするようになる。それこそが、本人に進みたい道を見つけさせることにつながるのである。

次に着目したいのは、テニスクラブの友達が、不登校の翔真を受け入れ、一緒に遊んでいることだ。

今は、子供たちにとって不登校は珍しい時代ではなくなっている。だから、子供たちは不登校の子を色眼鏡で見るようなことはせず、それはそれとして割り切り、学校の外で普通に付き合う傾向にある。こういう子供たちの間にある雰囲気は、翔真のような子の自発性を活性化させる後押しとなる。

最後に目を向けたいのが、友達の家族だ。翔真のケースであれば、キャプテンの親だ。子供が不登校になると、親や教員との関係がこじれてしまうことが多々ある。そうなると、彼らがいくらいいことを言ってもなかなか届かない。だからこそ、第三の大人の存在が必要なのだ。

第三の大人がいる場所は、不登校の子供にとってフリースクールと同じような安全地帯になる。そこで心を落ち着け、自分を認めてもらえれば、第三の大人の意見は次の一歩を踏み出す際の後押しとなる。

翔真はこの3点によって次のステップに移ることができた。テニスクラブの仲間に囲まれ、キャプテンの家に受け入れられ、そこで自分を取り戻し、進むべき道のりを見いだした。結果として、それが再び不登校からの復活につながったのだ。

こうしてみると、フリースクールの他にも、不登校の子供を再生させる機会はたくさんあることがわかるだろう。親がフリースクールに入れてそうした環境をつくることもあれば、翔真のように理解してくれる友達の中に身を置いて、自ら自信を持てる何かを探していくこともできる。

くり返しになるが、重要なのは学校への復帰ではない。

今の複雑な社会を生きるには、学校に通って誰もが学ぶことを行儀よく覚えるだけでは十分とは言い難い。むしろ、学校という枠組みから外れてでも、自分の中の自発性を蘇らせ、進んでいくことの方が何倍も重要なのだ。

最近、社会では、不登校について次のように語られている。

――不登校というのは休んだり、自分を見つめ直したりする時間だ。

本当にその通りだと思う。自分を見つめ直すとは、自分の自発性と向き合うということだ。そのために、どんな人間関係の中に身を置けばいいのか。周りの人たちはどんなふうにかかわればいいのか。

それをきちんと考えさえすれば、不登校はこれ以上ない人生の貴重な時間となるはずだ。

第6章

いじめは、なぜなくならないか

いじめと無関係に生きる方が難しい

君が何歳だろうが、どこに住んでいようが、いじめとまったく無縁だと言い切れる人はほとんどいないだろう。

国立教育政策研究所が２０２１年に公表した調査結果によれば、**日本の小学生の8割がいじめに遭った経験がある**と答えている。学校内だけでなくても、習い事や放課後の遊びの中で何かしら嫌な目に遭った記憶があるのだろう。

そう考えれば、残り2割の子供たちとて、身近で起きているいじめを傍観《ぼうかん》したり、時には加害者として手を出したりしたことがある可能性が高い。つまり、現代の日本では、いじめとまったく無関係に生きていくことの方が難しいのだ。

そもそもいじめとは何なのだろう。文科省は、少々難しい言葉で説明している。

「『いじめ』とは、『児童生徒に対して、当該児童生徒が在籍する学校に在籍している等当該児童生徒と一定の人的関係のある他の児童生徒が行う心理的又は物理的な影響を与える行為（インターネットを通じて行われるものも含む。）であって、当該行為の対象となった児童生徒が心身の苦痛を感じているもの。』とする。なお、起こった場所は学校の内外を問わない」

要約すれば、身体的な暴力だろうと、言葉の暴力だろうと、ネットへの書き込みだろうと、**被害に遭った子供が「苦痛」を感じたら、それはいじめ**ということだ。

日本の教育現場では、四半世紀にわたっていじめは解消するべき最重要課題のひとつとされ

図6－1　小中高いじめ認知（発生）件数の推移

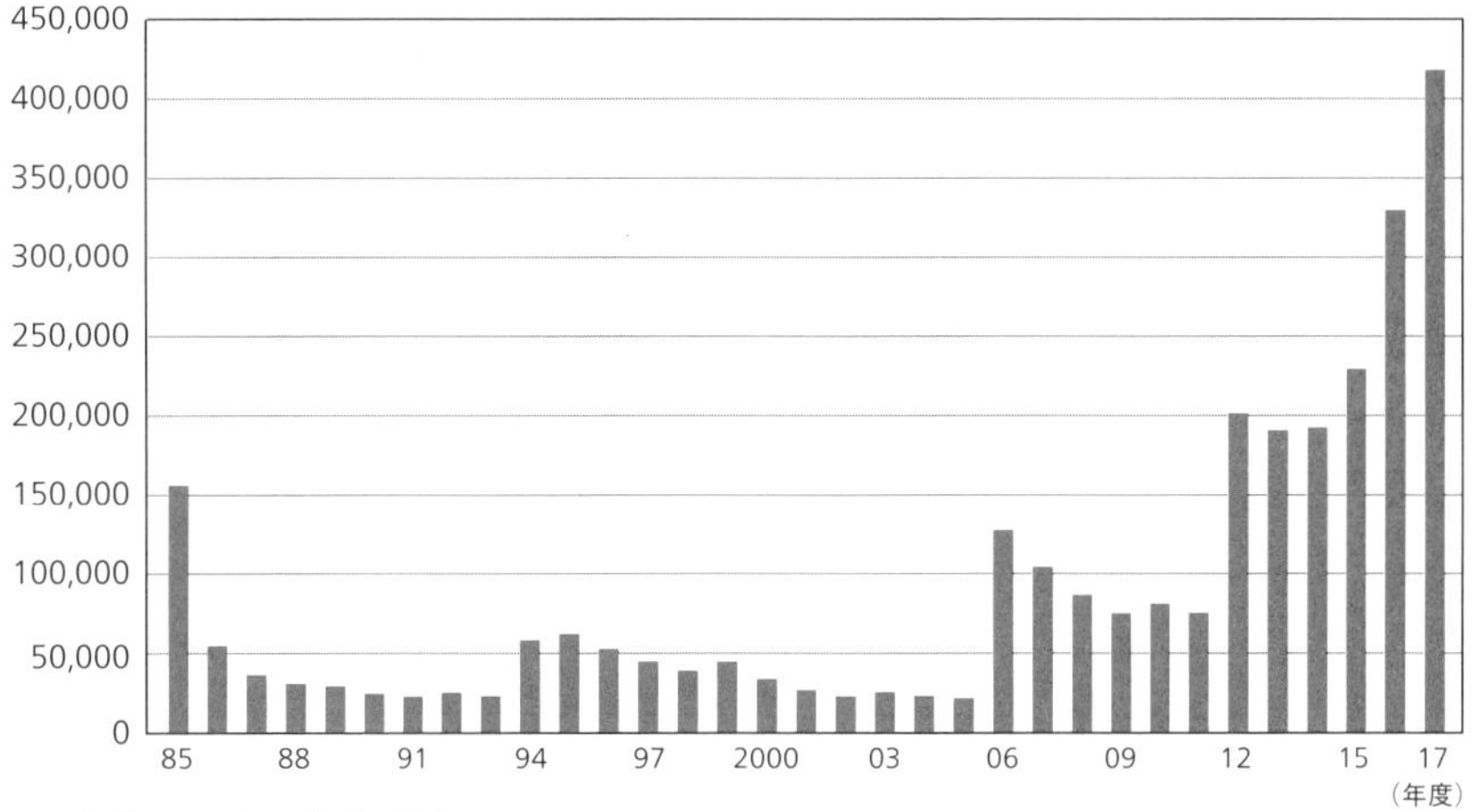

嶋﨑政男『図説・例解生徒指導史』学事出版、2019
（※）1994年度から特殊教育諸学校、2006年度から国立・私立学校を含める。05年度までは発生件数、06年度以降は認知件数。

てきた。後に見るように、それを防ぐために国を挙げての取り組みがなされてきた。にもかかわらず、今なお学校ではいじめが最重要課題でありつづけている。

図（6－1）を見てほしい。小中高ともにいじめの発生件数が増加していることがわかるだろう。

この背景には、いじめの定義を広げ、積極的に発見・介入を進めてきたこともある。だが、子供の人口が減っているのに、これだけ増加しているのならば、いじめの問題はほとんど改善されていないとも言える。

一体なぜ、そんなことになっているのか。これまで国は、いじめの問題とどう向き合ってきたのか。

まずは国が取り組んできたいじめとの長い戦いについて見ていきたい。

校内暴力の時代

しばしば、いじめは現代特有の問題だと捉えられがちだが、まったくそんなことはない。ずっと以前から、学校ではいじめが横行していた。

日本人なら誰もが、『ドラえもん』でのび太がジャイアンにいじめられているシーンを見たことがあるだろう。いじめは特別なことではなく、ごく日常の出来事として描かれている。作者の藤子・F・不二雄は1933年生まれで、漫画は1969年からスタート。つまり、半世紀以上前から学校の内外でいじめは公然と行われていたのだ。

実際、戦後から高度経済成長期にかけて起きた有名な事件は数多くある。

たとえば、1953年には、福島県の中学で2年生の男子生徒2人が、学校内で同級生を刺し殺すという事件が発生した。加害者たちは、日頃から被害者にいじめられていたことから、2人で団結して復讐をすることを決意したそうだ。

また、1969年には、神奈川県で高1の男子生徒が学校の傍で同級生を殺害するという事件が起きている。この男子生徒も日常的にいじめを受けており、その日も自分の本に虫を挟まれるといったことがあった。彼はついに怒りで我を忘れ、加害者の生徒をナイフでめった刺しにして死に至らしめた上に、頭部を切断したのだ。

このように昔からいじめは日常的だっただけでなく、時にはそれに端を発した重大事件が世の中を震撼させた。

それでも当時の学校では、いじめが今ほど重く受け止められていなかった。なぜか。それは、学校がいじめより大きな問題に直面していたためだ。

60〜70年代に全国の学校が向き合っていた課題は「**校内暴力**」だった。学校で行われる子供による暴力行為のことであり、子供間だけでなく、教員に対する暴力、校内での器物破損などが横行した。

この頃、家庭の虐待や貧困といった問題を抱えた子供たちは不良化し、鬱屈とした感情を暴力という形で学校＝社会にぶつけていた。学校の不良グループ同士で抗争したり、バイクで校内を走り回ったり、学校中のガラスを金属バットで割るといった行為も見られた。

もちろん、当時もいじめはあった。主な加害者は、学校で権力を握っていた不良グループであり、脅してお金を奪う「カツアゲ」、あれこれ命令して使い走りをさせる「パシリ」といった言葉が広まっていた。それでもいじめが最大の関心事にならなかったのは、学校側がそれを校内暴力におけるひとつの事象と位置付けていたことが影響しているのかもしれない。

校内暴力が全盛を迎えた80年代前半、荒れた学校はもはや手が付けられない状態に陥っていた。教員が子供に恐れをなして出勤しなくなったり、頻繁に警察が出動したりする事態に陥っていたのだ。これを象徴するのが、1983年に東京都町田市で起きた忠生《ただお》中学事件だ。

忠生中学は地元でも荒れた学校として知られていた。生徒は平然と校内でタバコを吸い、トイレの壁や窓ガラスを破壊し、教員に暴力をふるった。同中学に勤める30代の男性教員は、自己防衛のためにナイフを携帯していた。

図6-2　校内暴力事件　事件数・検挙・補導人員の推移

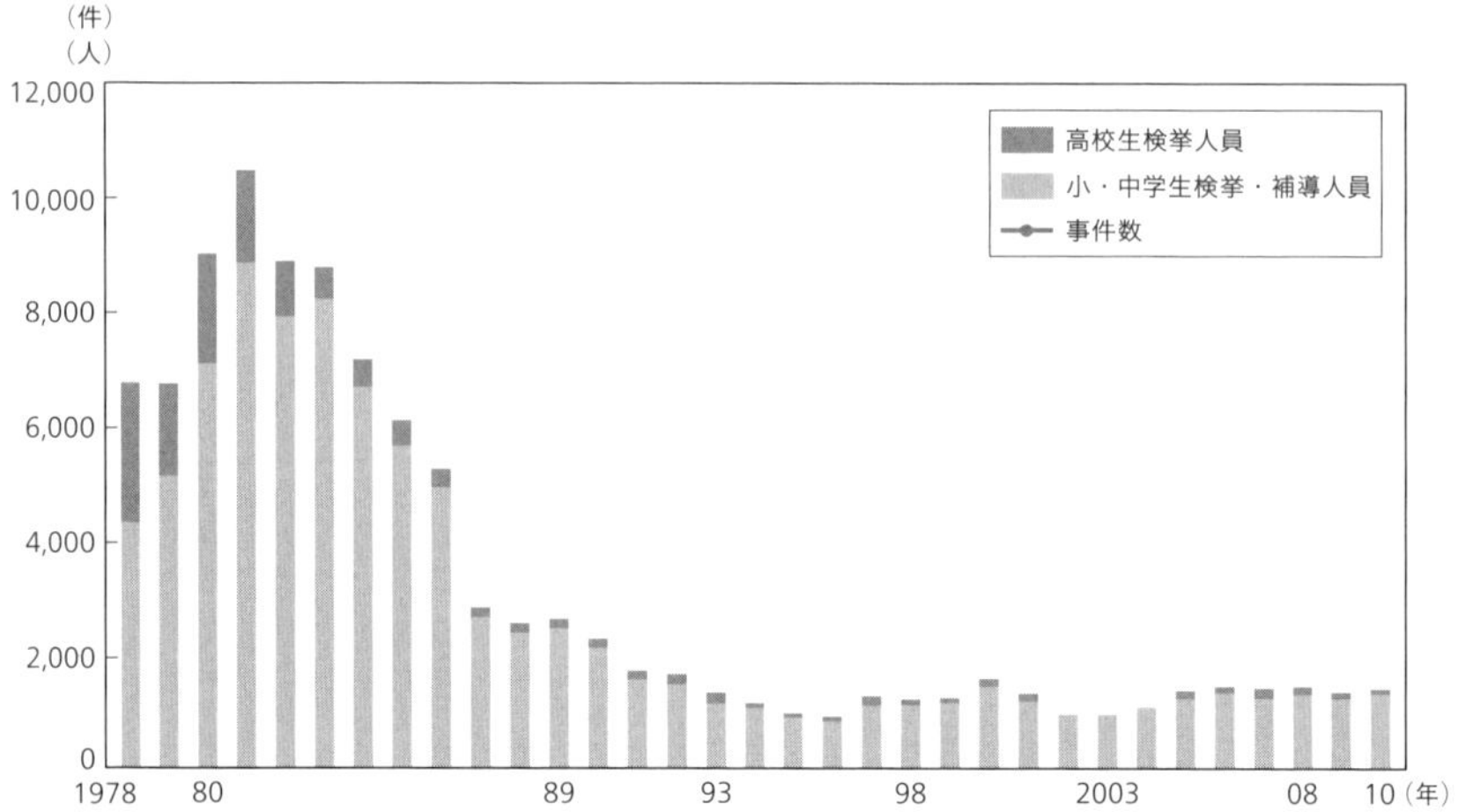

『犯罪白書』（平成23年度版）警察庁生活安全局
（※）2000年以降は小学生を含む

そんなある日、男性教員が下校しようとしたところ、中学3年の男子生徒2人が玄関マットを振りかざして殴りかかってきた。怯えた男性教員はとっさにナイフを取り出し、生徒1人を刺して大怪我を負わせたのである。

この事件は、全国ニュースとして報じられ、世間に大きな衝撃を与えた。教員がナイフで生徒を刺さなければ自分を守れないほどにまで校内暴力がエスカレートしている実態が明らかになったからだ。

国はこうした事態を受けて、校内暴力の鎮静化に乗り出した。学校だけでなく、警察と連携し、荒れた学校には警察官を巡回、配置させたり、学校の外では暴走族の取り締まりを強化したりした。

こうしたことが功を奏し、校内暴力は急激に減少していく。図（6－2）を見れば、忠生中学事件が起きてから数年間の取り締まりが、いかに厳しいものだったかがわかるだろう。

しかし、学校から校内暴力をなくしたことによって、これまで過小評価していた別の問題が浮上してくる。それが、いじめだった。

いじめによる凄惨《せいさん》な事件

学校でのいじめが深刻な事態に発展していると世間が認識したのは、1986年に起きた中野富士見中学いじめ自殺事件だった。

東京都中野区にある富士見中学校で、2年生の男子生徒が同級生からいじめを受けていた。最初は使い走りにされるところからはじまり、暴力を伴うものへとエスカレートしていった。やがてそれはクラスメイトみんなに広まり、教室内で「お葬式ごっこ」が行われる。クラスメイトたちが色紙に「死んでおめでとう」などと寄せ書きをしただけでなく、あろうことか教員までもが加わり、「やすらかに」「さようなら」などと書き込んだのだ。

男子生徒は肉体だけでなく精神的に追いつめられ、生きていくことに絶望する。そして電車に乗って父親の実家のある岩手県の盛岡まで行くと、「このままじゃイキジゴクになっちゃうよ」といった遺書を残し、ショッピングセンターのトイレで首を吊ったのである。

この事件が示したことは大きく3つある。

1つは、子供たちが校内暴力というあからさまな暴力をふるわなくなった代わりに、いじめという形で内面の鬱屈した気持ちを吐き出すようになったことだ。大人に押さえつけられたことによって、今度は隠れて他者を攻撃しはじめたのだ。

2つ目は、時としてそのいじめに学校が直接的、あるいは間接的に加担することがあるという点だ。仮に教員が直に手を下さなくても、見て見ぬふりをすることが事態をより深刻化させる。

そして3つ目は、いじめは子供を自殺へ追い込むほどの暴力性を備えているということだ。リンチと同様、場合によってはそれ以上の破壊力を備えているのだ。

この後も、いじめによって子供の命が奪われるという凄惨《せいさん》な事件がつづく。90年代に入ってからは毎年のように起きた。

91年　大阪府の中学校で中3の男女が同級生の女子をリンチし、死亡させる
92年　北海道で小6男子がいじめを苦に縊死《いし》
93年　山形県の中学の体育館で1年男子がマットに巻かれて窒息死
94年　愛知県で中2男子が「いじめられてお金をとられた」と書き、首吊り自殺
95年　長崎県の中学校の屋上から2年女子がいじめを苦に投身自殺
96年　東京都の中3男子が「殴られたり、蹴られたりしている」と書き、飛び降り自殺
97年　兵庫県でいじめられていた中3男子が加害者をバットで撲殺

98年　茨城県の中3男子が「僕はもうたえられない。さようなら」と書き、首吊り自殺
99年　千葉県の中1男子が「13年間ありがとうございました」と書き、飛び降り自殺
00年　千葉県の中3女子が「あいつら絶対許さない。復讐《ふくしゅう》してやる」と書き、首吊り自殺

恐ろしい事件が毎年のようにつづいているが、実はこれはその年の代表的な事件でしかない。それ以外にも同じ年度に複数の事件が起きており、僕が把握しているだけでも95年の4月だけで中学生4人が自殺によって命を落としているし、翌年の1月には6人が同じく命を落としている。そう考えると、90年代の教育現場において、いじめがいかに深刻な問題だったかがわかるだろう。

国もただ指をくわえてこうした事態を眺めているだけではなかった。当時の文部省は歯止めをかけるべく、学校現場に対していじめを防止するための通知を出したり、アピールを行ったりした。

たとえば、95年に出した通知では、学校における取り組みとして次の5点を挙げている。

・全校を挙げた対応
・実践的な校内研修の実施
・養護教諭の積極的な位置付け
・保健主事の役割の重視

・関係機関等との連携の強化

さらに、国はメディアに働きかけていじめの予防の啓発活動を行った。ACジャパン（公益社団法人）のCMに有名人が登場し、いじめの撲滅を訴えたのもこの頃だ。学校だけでなく、社会全体の問題としていじめを減らしていこうとしたのである。

学校や教育委員会の隠蔽《いんぺい》体質

2000年代に入っても、教育現場では毎年複数のいじめに関係した自殺事件が報告されていた。いじめから自殺に至るケースは氷山の一角であることを考えれば、実際には相当な数のいじめが起きていたはずだ。

そして2000年代半ばになると、さらに深刻な問題が浮上する。**学校や教育委員会のいじめ隠蔽《いんぺい》体質**だ。

これが白日の下にさらされた切っ掛けが、2005年に起きた北海道滝川市小6いじめ自殺事件だった。

滝川市の公立小学校に、6年生の女子生徒がいた。彼女は3年生くらいから日常的にいじめられていた。「気持ち悪い」と蔑まれたり、「（隣の席になった）男子児童がかわいそうだ」と言われたりして、仲間外れにされていたのだ。

女子生徒は、2学期がはじまって間もなく、周囲に自殺をほのめかす。だが、誰もそれを深刻に捉えて止めようとしなかった。そして彼女は首吊り自殺をする。

事件の後、女子生徒が書いた複数の遺書が発見される。学校や6年の生徒に宛《あ》てたものであり、いじめの実態についても書き綴《つづ》られていた。

だが、学校も、市教育委員会もそれを否定。学校は暴力的、精神的ないじめはなかったとし、教育委員会は遺書それ自体の存在を「遺書ではなく『手紙』である」と説明したのである。

後に、このずさんな対応が明らかになり、学校や市教育委員会への激しい批判が起こる。同校の校長、教頭、教員は、自殺といじめの因果関係を明らかにする調査を怠ったことが職務違反とされて懲戒処分などを受け、教育長は辞任。さらに他の複数の職員にも処分が下された。

さらに驚くのは、事件後に北海道教育委員会がいじめの実態把握調査を行った際に、道教職員組合が支部に対して協力しないように働きかけていたのが発覚したことだ。教育委員会、学校、教職員組合が、こぞっていじめを隠そうとしたのである。

教育関係者のあまりに不誠実な態度にあきれるばかりだが、なぜこうしたことが起きたのかということを考えなければならない。

すでに見てきたように80〜90年代にかけて、日本の教育現場ではいじめが新たな問題として注目された。国やメディアの取り組みによって、いじめは絶対悪とされ、学校や教育委員会は、いじめを根絶するという重大な責任を課せられた。

このこと自体は間違いではないが、学校や教育委員会の立場からすれば、いじめが報告されれば、自分たちが職務を怠ったとみなされ、批判の対象になる。つまり、**いじめがあるということは、そのまま学校や教育委員会にとってマイナスポイントなのだ。だから、防げなかった場合は、いじめの事実そのものを隠そうとする。**これが、隠蔽体質が生まれる原因だ。

社会でいじめに対する批判が高まれば高まるほど、逆に現場の人たちはそれをなかったことにしようとする。これは国にとって大きなジレンマであり、解決するための決定的な手立てはなかなか見つからなかった。そんな中で、さらに全国を震撼させる事件が起こる。2011年の滋賀県大津市中2いじめ自殺事件だ。

琵琶湖《びわこ》にほど近い公立中学校に通う、中学2年の男子生徒がいた。進級したばかりの頃は、何人かの子供たちとグループをつくって仲良く過ごしていたそうだ。間もなく、その人間関係に変化が生じる。友達の間で上下関係ができ、その男子生徒がいじめられるようになったのだ。

当初、加害者の同級生たちの行為は、体育館でプロレスごっこと称してヘッドロックをかけるといったものだった。それがだんだんとエスカレートし、加害者たちはクラスで男子生徒を罵倒《ばとう》する、ビニールテープで顔や手足を縛る、虫の死骸《しがい》を食べさせるといったおぞましい行為に及ぶようになる。馬乗りになって殴りつけるということもあった。

周囲の目にも、これは明らかないじめと映ったはずだ。しかし、同級生も教員も注意するなり、話し合いの場をつくるなりして止めようとはしなかった。そうこうしているうちに、身体的な暴力だけに留まらず、現金を脅し取られる、家に来て部屋の中を荒らされる、さらには「自殺の訓練」を強要されるといったことにまで発展した。

男子生徒は、度々加害者たちに苦しみを訴えたり、教員にSOSを出したりしたが、事態が改善されることはなかった。彼は学校生活に絶望したのだろう、午前8時過ぎ、自宅マンションの14階から飛び降り、命を絶ったのである。

この事件はいじめの悪質さもさることながら、発覚後の学校側の対応の不手際が明るみに出たことで、激しい批判を浴びることとなった。

まず、校長は生徒たちに行った調査結果を遺族に見せなかったばかりか、教員たちはいじめの実態を把握していなかったと虚偽の説明をした。これによって彼は懲戒処分を受け、依願退職に追い込まれる。

同じく、教育委員会の教育長らも、自殺の原因は学校でのいじめではなく、家庭問題だったと誤った説明をした。これは、いじめそのものを隠蔽しようとしたと受け取られてもおかしくない対応だった。

また、担任の教員に至っては、いじめを認識しつつ適切な処置を講じなかっただけでなく、保護者に対する説明会を欠席する、遺族への謝罪を後回しにするといった態度さえ取った。これによって、担任の教員には減給の処分が下され、同校の教頭2人も文書訓告処分を受けた。

こう見ると、学校がいじめを隠そうとしたり、自分たちの過失をごまかそうとしたりする姿勢の強さに愕然とするだろう。滝川市の事件から6年が経っても、隠蔽体質はなくなるどころか、より悪質になっているのである。

翌年、文科省は社会的な批判を受け、新たに通知を出す。「犯罪行為として取り扱われるべきと認められるいじめ事案に関する警察への相談・通報について」と題する次の3点を示したのだ。

・いじめが犯罪行為と認められる場合は、早期に警察に相談し対応策を講じること
・被害者の身の安全が脅かされている場合は、直ちに警察に通報すること
・教職員が適切な対応をするために、学校や教育委員会は保護者に周知して理解を得ること

さらに翌13年、国は「**いじめ防止対策推進法**」という法律を公布した。これはいじめの定義を明確化した上で、学校や教育員会の役割を定め、いじめ防止のための基本方針を示したものだ。これによって学校や教育委員会はいじめを隠蔽するのではなく、それが起きた時にガイドラインに沿って動くよう求めたのだ。

だが、法律ができても、先述したようにいじめの発生件数は増えている。それは法律の隙間《すきま》を潜《くぐ》り抜けるようにしていじめが行われていることを意味している。

大津市中2いじめ自殺事件で亡くなった男子生徒の父親は、NHKの取材に対して次のように述べている。

「一時はいじめの認知件数が多くなるということに関しては、喜んでいました。それはいじめが『可視化』されてきたという1つのよい事象として。ただ、それも法律ができてから3年くらいまでの間です。そこから先は根本的になぜいじめが起きるんだと、抜本的なものに対処で

きていないことがあらわになっているのではと感じるようになりました」

そう、これまで長年にわたって行ってきた国の対策は、「抜本的に対処していない」ものだったのである。つまり、対策そのものが形骸化していたのだ。

なぜそういうことになったのか。次にそれについて考えてみたい。

人はなぜ、いじめをするのか

国が法律までつくって対策を講じながらも、学校で横行しつづけるいじめ。その本質を見るには、いじめという行為そのものが持つ意味を考えておかなければならない。

君も1度は、こんな問いを考えたことがあるのではないだろうか。

「人はなぜ、いじめをするのか」

いろいろ意見があるだろうが、ここでは生き物として備えている本能の面から考えてみたい。

元来、人間1人の力は、ライオンやクマといった動物に比べれば非常に弱い。ライオンのような牙《きば》もなければ、クマのような腕力もない。それなのになぜ、人間は生態系の頂点に君臨しているのか。

答えは、人間が集団を形成し、他の動物より著しく高い知力を持ち寄ることによって、身体的なマイナス面を補ってきたからだ。

どんなにたくましく、頭のいい人であっても、厳しい自然を1人で生き抜くことはできない。

集団をつくり、生活の規律や役割を決め、武器や道具を開発し、一丸となって他の生き物に立ち向かっていくからこそ、自然界での競争に打ち勝つことが可能になる。

人間にとって集団とは、他の生き物との競争を生き抜き、種を残していくために必要不可欠なものと言える。そして**君たちの中には、生存のために集団をつくらなければならないというDNAがすり込まれている。**

集団を形成しようとする人間の本能は、年齢が上がるにつれ強いものになっていく。小学生、中学生、高校生と比較していけば、団結力やルールがより強固になるのがわかるだろう。大人になって社会に出た後は、会社だったり、組合だったり、宗教だったりと、集団の持つ目的が実利的なものになる。

学校の集団でいえば、遊び友達のグループ、同じ部活動のグループ、学童保育に通っているグループなど、数人から十数人単位のものが一般的だ。そこで子供たちは集団の中で生きるためのノウハウを学ぶからこそ、大人になってさらに大きく複雑な集団に身を置くことができるようになる。

大人の集団ほど実利的でないにせよ、子供の集団にも「一緒に遊ぶ」「試合に勝つ」などといった目的がある。構成員である子供たちは集団に属してその目的を共有する代わりに、時間や労力や気遣いといった何かしらの対価を支払うことになる。

遊び友達のグループで考えてみよう。

このグループの目的は、楽しく遊ぶことだ。それを実現するためには、たとえ別の約束事があっても参加を優先したり、面白くなくても面白いふりをして盛り上げたりすることがある。個々がそうした対価を払って初めて集団が成り立ち、目的を果たすことができるのだ。

あるいは、部活動のグループで考えてみよう。

野球部であれば、試合に勝つことが目的だ。部員は生まれつき運動神経が鈍くても体を鍛え上げて少しでも上達しなければいけないし、レギュラーから落ちても試合中はベンチやスタンドでメガホンを持って大声で仲間を応援しなければならない。

そう、集団がうまく機能するには、時に構成員は望まないことであっても我慢して尽くす必要があるのだ。集団の目的意識が強ければ強いほど、大きな結束や忠誠心が求められる。この献身的な行動や心理こそが、心理学でいうところの「**向社会性**」だ。

学校にある集団の中には、高い向社会性を求められるものがある。全国大会の常連の部活動。一糸《いっし》乱れぬ連携を必要とする吹奏楽部。あるいは、ファッションやスケボーや音楽といった共通の趣味嗜好《しこう》で集まっている友達同士のグループなどだ。

往々にして、いじめはこうしたところで発生する。集団の規律を乱すような行為をする、1人だけ空気を読めていない、貢献が十分ではない……。このような時、集団のメンバーたちは、集団が目的を遂行する妨げになるとして、向社会性が弱いと見なした人を排除しようとする。

野球部の例で考えてみよう。ある学校に野球部があった。それまでは弱小だったので部員たちはダラダラと仲良く練習をしていただけだった。

ところがその弱小野球部が監督の一声で強豪校になることを目指したとする。そうなれば、メンバーの間では、目標もなくのん気に練習していた時より高い向社会性が求められるようになる。

そんな中で、ある1人のメンバーだけが練習をさぼったり、軽率なミスをして大量失点を招いたりすればどうなるか。他のメンバーは「あいつのせいでチームがダメになる」と考え、排除しようとするはずだ。

このように**集団の中で起こる批判、排除という行為が、いじめへとつながる**のだ。集団が求めるものに応えられない時、その人は秩序を揺るがす邪魔者としていじめられるのである。

ややこしいのは、いじめの加害者は、その行為を悪いこととして認識していない点だ。彼らは集団の側に立ち、あくまで自分の行いが集団にメリットをもたらす正しいものだと信じている。

なぜか。答えを先に言えば、集団はメンバーの向社会性があって初めて成り立つものだからだ。

集団が集団として成立するには、メンバーみんなが横一列で歩調を合わせて目的に向かって進んでいかなくてはならない。誰かが足並みを乱せば、目的の実現が危うくなる。だから、メンバーは慌ててその人物を叩き、追い出そうとする。

もちろん、集団の正義は、社会の正義とイコールではない。友達のグループにせよ、野球部にせよ、そこで起こるいじめは社会的には悪だ。しかし、メンバーは社会の原理でなく、集団の原理で動いているので悪いことだとは認識していない。ゆえに、しばしば集団の中で起こるいじめは見過ごされてしまう。

もはや学校だけでは対処しきれない

ひとまず、ここまで考えてきたことをまとめよう。

人間は集団をつくらずにはいられない存在であり、集団はいじめ（批判、排除）によって結束力を強める構造がある。それは集団の目的遂行のためであり、その原理の中ではいじめは正当化される。

かくして、集団の中では、どうしてもいじめが起きてしまうのだ。

残念ながら、これは学校においても同じだ。学校で形成されるグループにも、いじめによって正当性と結束力を高める構造がある。そういう意味では、学校からいじめを完全になくすのは非常に難しいと言えるだろう。

海外の例を見ても、同じことが当てはまる。ユニセフが行った調査によれば、**世界の13歳〜15歳の子供の3人に1人がいじめられた経験を持っている**のだ（加害経験者も同じ割合）。どこの国にいたとしても、学校の集団に身を置く限り、いじめのリスクとは無縁ではいられないということがわかるのではないだろうか。

ではなぜ、大人の集団より、子供の集団の方が、いじめが問題視されるのだろうか。

大人の集団では、子供のそれほどいじめが大きな問題になることが少ない。むろん、大人の集団――会社、組合、ママ友においても、いじめは起きているが、「ママ友いじめによる自殺」というニュースをほとんど聞かないことからもわかるように、子供に比べれば、そこまで深刻な事態になりにくい。

理由としてよく指摘されるのは、子供の脳がまだ発展途上にあるという点だ。脳の中に、前頭葉という部位がある。前頭葉は理性や道徳性をつかさどるものとされていて、カッとするなど感情が高まった時にそれを抑えたり、集団の中で円滑にコミュニケーションをとったりする時に重要な役目を果たす。言わば、感情が暴走するのを抑えるためのブレーキ機能なのだ。

脳が発達途上にある子供たちは、この前頭葉の成長が不十分だったり、うまくつかいこなすことができなかったりする。小さな子供ほど、感情のコントロールが苦手なのは、そのためだ。ゆえに、子供は相手を攻撃しようという感情が高まった時に、それを制御することができずに、短絡的な行動に走りがちだ。大人の集団であれば、どこかでブレーキがかかることが、子供の集団だとエスカレートしていき、リンチや、お葬式ごっこや、自殺の練習といったところにまで行きつくことがあるのだ。

こうしてみると、2つのことが明らかになる。つまり、「学校の集団においていじめは不可避である」ということと、「子供のいじめはエスカレートしやすい」ということだ。

学校がいじめと無関係でいられず、エスカレートしやすいのであれば、学校側はきちんと管理をしなければならない。学校の管理教育が強まっているのは、そうした影響も多分にある。

しかしながら、すでに見てきたように、学校の対策は形骸化しており、予防の役割を十分に果たしているとは言い難い。

どうしてなのだろう。

それは、学校が行う対策より速いスピードで、子供たちのいじめの形が変容しているからだ。現在のいじめは、もはや学校だけでは対処しきれないものになっているのだ。

次は現在のいじめの特性を見てみたい。

いじめの歴史的変遷

学校におけるいじめの形態は、時の流れとともに少しずつ変化してきた。その流れを大きく3つに分けてみたい。

第1期（1970年代〜80年代）　公然と暴力が行われる時代
第2期（90年代〜2000年代）　グレーゾーンで行われる時代
第3期（2010年代〜20年代）　ネット空間で行われる時代

第1期は、校内暴力の延長線上にあったため、いじめは教室で公然と行われることが多かった。加害者は他の生徒の前で、わざと大きな声を出して、特定の子供に危害を加えたのだ。

具体的な行為としては、「身体的な暴力をふるう」「金銭を脅し取る」「使い走りをさせる」「顔に落書きをする」といった行為だ。葬式ごっこにしても、教室の机に花を置いて、寄せ書きした色紙を渡すとか、校庭に墓をつくるといったように視覚的にもわかりやすかった。

だが、90年代以降になって国が本腰を上げていじめ防止対策に乗り出したことで、子供たちは大人に隠れていじめをするようになる。

具体的な行為を挙げれば、「無視する」「所持品を隠す（壊す）」「陰口を言う」「いたずら電話をかける」「人前で恥をかかせる」……。インターネットが登場してからは、「学校裏サイトに悪口を書く」「掲示板にプライバシーをさらす」といったネット内でのいじめも生まれた。

この第2期のいじめの特徴は、第三者には見えにくく、いじめだと断定しづらいところにあった。そして本人も責任逃れをしやすい。

たとえば、あるグループが特定の子を無視したとしよう。教員がそれに気づき「君たち、○○さんをいじめているんじゃないか」と尋ねたとしても、加害者たちに「してませんよ。単に仲良くないからしゃべらないだけです」と答えられれば、教員はそれ以上介入することが難しい。匿名性が高い電話やインターネットをつかったいじめは、なおさらだ。

にもかかわらず、被害を受けている子が感じている苦痛は第1期のそれと同じだ。だから、その子は見えないところで苦しみつづけた末に、学校に来られなくなる、心を病む、最悪の場合は命を絶つということになる。

現在の第3期は、スマホの登場が大きくかかわっている。それまではガラケーやパソコンが主だったが、10年代になってスマホが流通したことで、子供たちのコミュニケーションはがらりと変化した。

スマホのコミュニケーションを支えるのは、ＳＮＳだ。ＬＩＮＥ、ツイッター、インスタグラム、TikTok……。これらが、従来のネットのコミュニケーションツールと異なるのは、機密性の高さだ。閉ざされた空間で、特定の人たちが交流するようになったのである。

こうして生まれたのが、「**ＳＮＳいじめ**」だ。

ＳＮＳいじめの悪質さ

最初、ＳＮＳいじめは、ＬＩＮＥいじめとして知られるようになった。ＬＩＮＥのグループの中で悪口を言う、グループから外すといった行為だ。さらに、その後新しいＳＮＳが広まるにつれて、ツイッターのＤＭで悪口を送りつける、インスタのストーリーで短時間だけいやがらせ動画を流すといったことが行われるようになった。

こうしたＳＮＳをつかったいじめもまた、被害者を自殺に追いやる暴力性を備えている。ＬＩＮＥいじめ自殺、インスタいじめ自殺など、日本全国で複数起きているし、僕自身もいくつか取材したことがある。

ＳＮＳいじめの特性は次のようなものだ。

・学校での集団の延長線に、ＳＮＳの集団が存在する
・ＳＮＳいじめは、学校でのいじめと連動する

・動画編集等の悪質性の高さ
・SNS内で行われているがゆえに発見・介入が困難
・これに対する有効な手立てを学校が持っていない

現代においていじめの防止が困難な理由は、SNSいじめの特性を押さえることで見えてくる。

まず、SNSいじめは、学校の人間関係と密接に結びついている。子供たちは学校というリアルの場で集団を形成し、それを放課後にSNSに持ち込む。つまり、リアルの集団の関係性が、そのままSNSに引き継がれるのだ。

具体的には、学校でできた遊び友達のグループや部活動のグループが、LINEのグループや、インスタのフォロワーとしてつくられていくということだ。SNSいじめにおいて、SNSの集団はリアルの関係性と地続きなのである。

こうしたグループの中でSNSいじめがはじまる原因は、多くの場合リアルの関係性に生じるゆがみだ。学校でつくられた集団がうまくいかなくなった場合、それに連動するようにSNSの上でも問題が生じてくる。

たとえば、学校でグループの子供たちの人間関係がうまくいかなくなり、特定の子供を無視したとする。すると、SNSの上でも連動するように、その子に対するツイッターのブロックだとか、LINEでの既読スルーだとかいったことが行われる。

一旦こういうことが起こると、加害者たちはLINEのグループ内でその子の悪口を言ったり、新たないじめのネタを共有したりして、今度はそれを学校に持ち込むようになる。リアルで生じた問題がSNSでよりエスカレートし、そこで起きていることがリアルにも影響を及ぼすのだ。

覚えておいてもらいたいのが、SNSとの連動が起こると、いじめは24時間にわたって継続するという点だ。

かつてのいじめは学校や下校途中で行われるものであり、帰宅後はいじめが中断した。少なくとも家にいる間は、いじめの行為そのものはストップしていた。

だが、SNSは24時間にわたって子供たちをつなげるツールである。それゆえ、被害者は家に帰った後も、無視されたり、悪口を言われたりすることになる。それは特定の場所だけで行われるいじめとは比較にならないくらいつらいことだ。

さらに、SNSいじめは悪質性の高さが顕著だ。

子供たちは、SNSをつかいこなすという点では、大人よりも上だ。彼らはそのスキルをいじめに活用する。

僕の知っている例では、SNSで「お葬式ごっこ」をしていたケースがある。従来は教室の机の上に花を置くというものだったが、今の子供はそうしたやり方をしない。実際に動画を編集して遺影をつくったり、お経を流したりといった形で、よりリアルな葬式動画をつくるのだ。しかも、それを限られた仲間内で共有したり、時間限定で公開したりする。

別のケースでは、ヌード画像にいじめのターゲットとする子の顔を合成するといったことが行われていた。許せないのは、その画像を投稿サイトに掲載して公にしていたことだ。合成写真とはいえ、一度流出すれば削除するのは困難であり、被害者の精神的苦痛は甚大だ。

社会の側が認識しなければならないのは、こうしたＳＮＳいじめを防止する有効な手立てを学校側が持っていないことだ。

教員がかかわれるのは基本的に学校内で起きていることだけだ。学校内でいじめがあったり、生徒がスマホで誰かの悪口を書いたりしていれば注意することができるだろう。だが、ＳＮＳいじめは、放課後に、スマホの中の閉じた世界で行われる。これを教員が発見して止めるのは不可能に等しい。

子供たちに放課後までＳＮＳをするなとは言えないし、閉じられた空間では親や同級生さえ何が行われているかがわからない。被害者が自ら声を上げようとしても、匿名での書き込みや、インスタのストーリーのような一定の時間で削除される投稿だと、証拠をつかむのが容易ではない。

つまり、学校でのいじめがＳＮＳに引き継がれた場合、被害者自身がきちんと証拠をつかんだ上で、ＳＯＳを出さなければ、第三者の介入は困難なのだ。現在、ここまで学校でいじめ防止の対策が行われているにもかかわらず、減るどころか増加しているのは、そうした影響が大きい。

いじめの潜在化が進む中で取り組むべきこと

今後、学校でのいじめは、より一層ネット上に移行していくだろう。学校がいじめ撲滅を叫べば叫ぶほど、子供たちは見つからないように工夫するし、メタバースなどウェブを介したコミュニケーションはますます広がっていくだろう。それは、大人たちの介入が今以上に難しくなることを意味している。

いじめの被害者が受ける心の傷は非常に大きなものだ。思春期の大事な時期に、何カ月にもわたって恐怖と孤独にさらされるのだから当然だろう。

自殺にまで至らなくても、被害者はたくさんの問題を抱えることになる。よくあるケースでは、いじめがトラウマによって心を蝕《むしば》み、大人になってからも人と接することに不安を感じるようになる。学校に行けなくなって十分な教育を受けられなくなる。さらには、いじめのショックによって、うつ病やパニック障害といった精神疾患になることもある。

僕が取材したことのある女性は、小学5年〜中学3年までいじめに遭って、高校進学をあきらめた。その後、いじめのトラウマによって自宅に引きこもり、精神疾患に苦しんだり、リストカットをしたりして、30歳を過ぎて自ら命を絶ってしまった。

そう、**いじめは、その場限りのものではなく、後遺症となって一生にわたって人を苦しめつづける**ものなのだ。そのことはかならず覚えておいてもらいたい。

これらの状況を踏まえ、いじめの被害をできる限り抑えようとすれば、僕は次の2つの方法を強化するべきだと考えている。

1つは、加害者の仲間を通報者に育成する方法だ。

いじめがSNSに移行した場合、先述したように教員や親が発見することは非常に難しくなる。被害者の子供の様子が明らかにおかしければ、どうしたのかと尋ねることもできるが、事実を打ち明けてもらえるとは限らない。

そうなると、いじめを発見できるのは、SNSにアクセスできる加害者のグループか、その周辺にいる傍観者ということになる。彼らにいじめに対する罪悪感を持たせ、匿名で報告させる仕組みをつくれば、少しは発見率が高まるだろう。

事実、民間業者が学校におけるいじめ問題に介入する際は、そうしたいじめの報告窓口をネット上に設置し、誰もが投稿できるようなシステムをつくっている。ただ、これが機能するには、加害者や傍観者のいじめに対する危機意識を高めることが必要となってくる。だとしたら、これまで通りの指導では不十分だ。

すでに示したように、いじめが被害者の人生をどれだけ破壊するのか、そしていじめで子供を失った遺族はどんなに悲嘆にくれるのかをきちんと具体例をもって示すことは、最低限必要だろう。

また、加害者側の罪の重さも明らかにしなければならない。いじめによって被害者を死に至らしめた場合、加害者は何年にもわたって裁判にかけられ、時に数千万円単位の損害賠償を支払わなければならなくなる。そうなれば、加害者の人生だけでなく、その家族が崩壊することもある。

いじめとは、それだけ重い罪なのだということを徹底的に教え込み、加害者や周辺の子供たちに通報を促し、そのシステムを整える。いじめの潜在化が進む中で、これは早急に取り組まなければならないことだ。

だが、どれだけこうした教育をしたところで、学校からいじめを完全に排除することはできないだろう。だとしたら、加害者だけでなく、被害者の方の意識も変えていかなければならない。これが2つ目の方法だ。

これまで学校側は「いじめられたら声を上げよう」という形で被害者にSOSを出すことの重要性を説いてきた。大人を入れて話し合いで解決しようというのだ。だが、学校側に言われた通りにできる人は決して多くはない。

僕がいじめられている子につたえたいのは、次のことだ。

・学校という空間では、いじめは起こりうる
・いじめを受けた時、その人は一生残る傷を負うことになる
・だから、いじめられたと感じたら、即座に学校を休むか、ネットの利用を中断する

これまで見てきたように、学校へ通う限り、いじめのリスクからは逃れられない。だからこそ、いじめを受けた時に自分が受ける被害を深く認識する必要があるのだ。

何度も言うようだけど、いじめは子供たちのその後の人生を破壊するほどの暴力性がある。加害者たちは罪悪感なくやっており、放っておけばエスカレートしていくだろう。そのうちに子供たちの心はえぐられ、その後の何十年という人生が音を立てて崩れてしまう。

被害を受けた人は、何一つ悪くない。だからこそ、いじめなどというつまらないことで一生を棒に振る必要はないのだ。いじめを受けたと感じたら、いち早くその場から逃げだすことだ。

1週間でも、1カ月でもいい。安全な場所に身を置いていれば、少しずつ冷静になって物事を考えられるようになるだろう。そうなった時に初めて、親や教員に事実を打ち明ければいい。その後の選択肢はたくさんある。加害者への指導、クラス替え、出席停止などだ。もし被害者が加害者の顔すら見たくないと思うなら、別の学校へ転校することも認められている。

この場合、学校と教育委員会がバックアップし、転校先の学校にそれまでの経緯をきちんと説明して引き継ぎをしてくれるし、新しい学校の生徒にはいじめがあったことは隠してくれる。まっさらなところから再スタートを切ることができるのだ。

いじめはその場限りのものでは済まないし、我慢していれば何事もなく終わるものでもない。だからこそ、いじめの本当の恐ろしさを知り、自分自身の長い人生を守ることが欠かせないのだ。

第7章

レールを外れた子供はどう生きるか

学校の枠組みから外れる子供たち

世間には、一般的に「レールに乗る」といわれる生き方がある。子供であれば学校にきちんと通い、教師や親の望むような行動をし、学歴や資格を取得して社会に出る準備をすることだ。望むか望まないかは別にしても、そこを進んでいく限りは大きな失敗や挫折《ざせつ》をする率は低いし、仮にしてもすぐに助けてもらえる。

だが、子供たちの中には、レールに乗ることができず、学校から距離を取ろうとする者たちがいる。理由は様々だが、第3、4章で見てきたように、彼らが暮らしている家庭の影響は小さくない。

ヤングケアラーであれば、介護や家事が足枷《あしかせ》となって学校の活動が大幅に制限される。虐待を受けた子供であれば、人格形成がうまくいかずに生きづらさを抱え、社会性に欠ける。

こうした子供たちが学校の生活についていけなくなることを、どう呼ぶか知っているだろうか。ドロップアウト、つまりレールからの脱落と呼ぶのだ。

僕はこの言葉は好きではないし、適切だとは思わない。彼らは自ら足を踏み外して落ちたというより、それ以前の段階でレールに乗るチャンスを与えられなかったり、レールの上を歩む力を奪われたりしているのだ。それを考慮に入れずに、安易にドロップアウトと断言すれば、彼らへの自己責任論に流れかねない。

ともあれ、学校の枠組みから外れると、子供たちは大人たちにとって手の届かない存在にな

図7－1　少年による刑法犯　検挙人員の推移

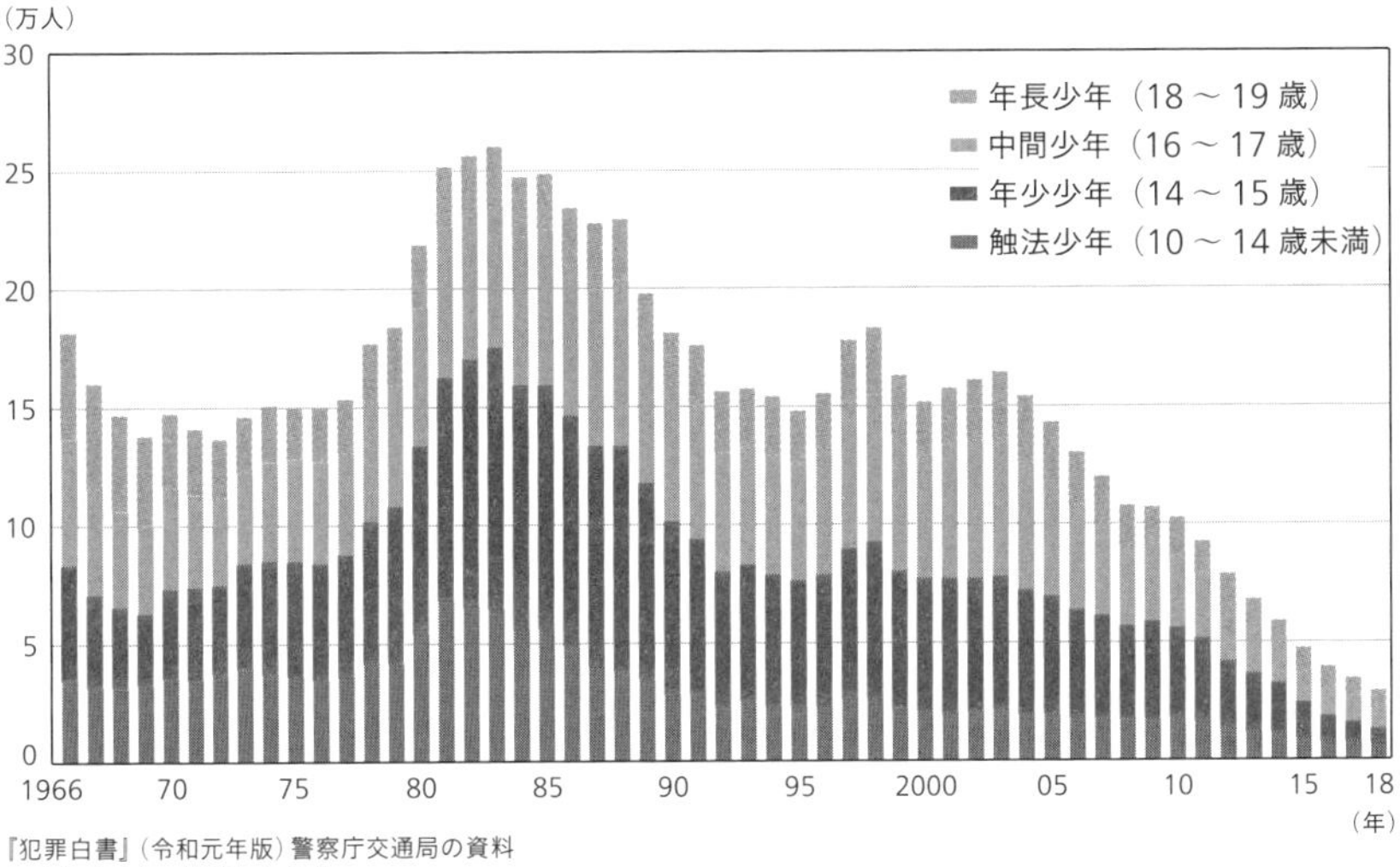

『犯罪白書』（令和元年版）警察庁交通局の資料
（※）触法少年は補導した人数

りかねない。

少し前まで、そうした子供たちは不良となって非行に走ることが多かった。前章で見た校内暴力が典型的な例だ。彼らは自分たちを蹴落とした学校に恨みを抱き、わざと学校のルールを破り、校舎を破壊し、教員に対して暴力をふるった。それが、行き場のない感情の晴らし方だったのだ。

今はどうだろう。学校で生徒が窓ガラスを割って先生に襲いかかるなんてことはほとんどないし、何百人という子供たちが暴走族を結成して毎晩のように爆音を轟《とどろ》かせているなんてこともない。

図（7－1）を見ると、80年代から急激に警察に検挙される子供の数が減っているのがわかるだろう。このことは、子供たちの非行が年々減少していることを示している。

現に、日本の少年院はどこも大幅に定員割れしており、定員50名のところに子供が数人しかいないということがざらだ。そのため、全国的に少年院は統合が相次いでいる。一部の人たちは、こうした統計を根拠にして、子供の問題は大幅に改善されているという。

しかし、それは大きな間違いだ。

非行が少なくなったからといって、子供たちが抱えている問題が解消されたわけではない。子供たちの行動様式が変わっただけで、今なお膨大な数の子供たちが学校の枠組みから外れ、別の形で苦しんでいるのだ。

そうした実態を知るには、まずこれまで子供たちがたどってきた変遷を見る必要がある。

不良らしい不良がいなくなった背景

80年代の校内暴力の時代、レールから外れた子供たちには、不良やヤンキーと呼ばれる別のスタイルがあった。

変形学生服（ボンタン、短ランなど）を着て、リーゼントやパンチパーマといった髪型にしたりすることで学校に対する反抗を誇示し、校内暴力という過激な行為に及んだ。

中学を卒業すると、彼らは暴走族を結成するようになる。バイクを違法に改造し、特攻服と呼ばれる奇抜な衣装に身を包み、徒党を組んで交通違反を犯して走り回る。彼らは学校ではな

図7-2 暴走族の構成員およびグループ数の推移

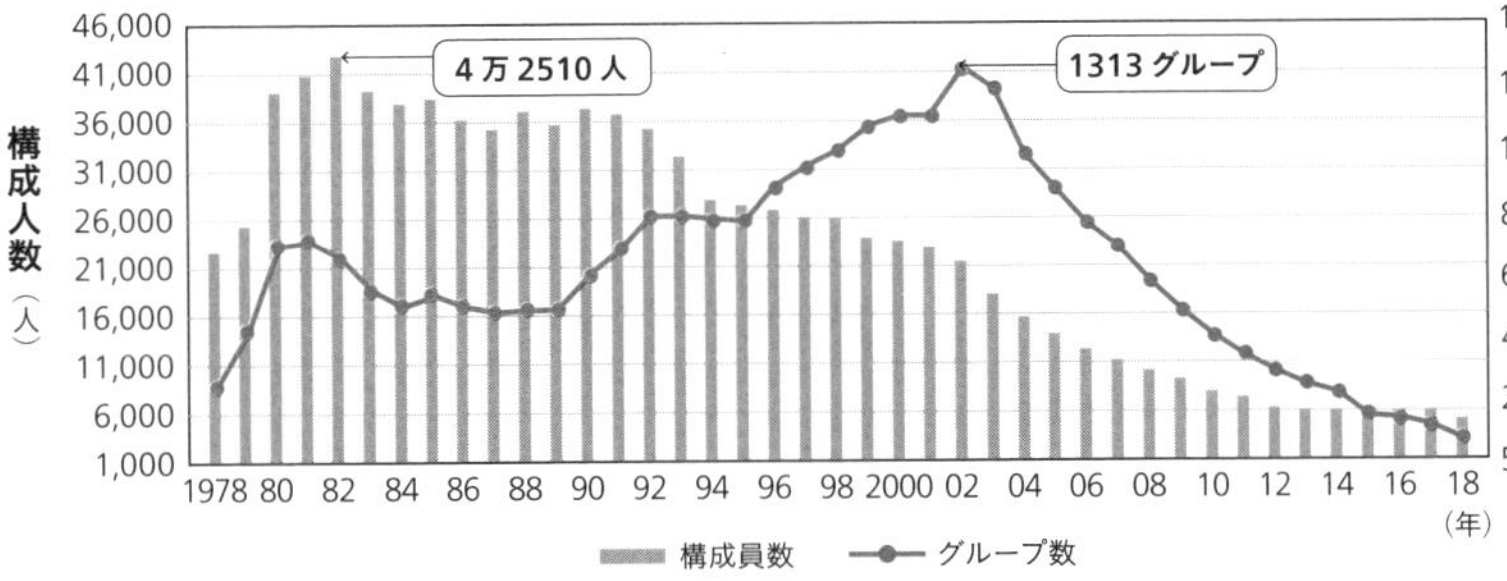

『犯罪白書』（令和元年度版）

く、社会に向けて反発を示していた。

女子も同じく、変形学生服（ロングスカート）を穿《は》いて、長髪にパーマをかけた。そしてレディースと呼ばれる女性版の暴走族を結成して、ケンカにシンナー遊びに恐喝と非行を重ねた。

前章で見たように、こうした子供たちの行き過ぎた校内暴力が問題となり、国が強権的に取り締まりを行った。これは背後にいる暴力団に対する取り締まりという側面もあった。図（7-2）を見れば、80年代前半をピークに、暴走族の構成員が減少していったのがわかるだろう。

90年代になって、暴走族と入れ替わるようにして出てきたのが、「チーム」を名乗るグループを構成する若者たちだ。彼らはチーマーと呼ばれた。

チーマーはリーバイスのデニムにエンジニアブーツといったアメリカンスタイルに身を固め、渋谷の歓楽街にたむろする、新しいスタイルの不良だった。彼らは暴走族に比べるとあからさまな違法行為をしない代わりに、素人にパーティー券を法外な値段で売りつけて荒稼ぎしたり、通りがかりのビジネスマンを襲って金品を奪う「オヤジ狩り」をしたりした。学校でのいじめ同様に、非行が潜在化したのである。

他方、女子の側では「コギャル」と呼ばれるファッションが流行った。人気歌手だった安室奈美恵さんを真似して、茶髪、ミニスカート、厚底ブーツが流行り、制服では「ルーズソックス」と呼ばれるぶかぶかの長いホワイトソックスを身につけた。「ガングロ」と呼ばれる、極端なメイクのスタイルも登場した。

コギャルはあくまでファッションであって、かならずしも不良というわけではない。だが、彼女たちの一部が「援助交際」という新たな売春の形を生み出したのも事実だ。それまで売春といえば、風俗店などの組織的な売春が主だったが、彼女たちはテレクラ、ポケベル、携帯電話をつかって個人売春をはじめるようになったのだ。

援助交際は、女子高生ブームも相まって、1回につき10万円、20万円という金額が飛び交う市場になった。これによって援助交際は爆発的に広がり、売春に「素人」が参入する時代が到来したのである。

2000年代に入ると、こうした若者たちの文化がより悪質化するようになる。

まず、渋谷で一大ブームを巻き起こしたチーマーが数年で衰退し、代わりに「カラーギャング」を名乗るグループが出現した。

カラーギャングは都会から地方まで様々な地域で結成され、同じ色の服を着ることを特徴にした不良集団だった。彼らの活動は違法ドラッグの密売、一般人への恐喝、グループ同士の抗争などチーマーよりも凶悪化していたため、警察の厳しい取り締まりにあい、数年で衰退に追い込まれていく。

時を同じくして、行き場を失いつつあった不良たちが新たに立ち上げたのが、地下格闘技チームだった。少し前からK－1やPRIDEといった総合格闘技のブームがあり、その流れの中で地下格闘技イベントが行われるようになった。不良たちは格闘技チームを結成し、体を鍛え、力自慢をするようになったのである。

地下格闘技のイベントは日本各地で行われ、全国津々浦々からチームが参加した。彼らはそこでチケットやグッズの販売、違法賭博《とばく》などを通して金儲けをした。

こうした者たちの中にはグレーゾーン、もしくは違法なビジネスに手を染める者たちも少なからずいた。知り合いの女性たちを集めて違法な売春組織をつくる、キャバクラやガールズバーを開業してぼったくり行為をする、風俗店などを対象としたスカウトや人材紹介事業をする、特殊詐欺を行う……。

やがて彼らは、「半グレ」と呼ばれる新たな犯罪集団を形成していく。警察によって「準暴力団」と指定されたことからわかるように、非行というより、犯罪を生業《なりわい》にした集団だった。

典型的なものを挙げて大まかな流れを示してみたが、このように、時代を経るごとに、若者たちの間で不良は少数化し、暴力面や経済面で先鋭化していった。それは彼らに大きな権力と富をもたらす一方で、不良になれるのは、それなりの腕力と器用さを兼ね備えている者だけという状況を生み出した。

過去の不良と比較すればわかりやすい。

暴走族の時代では、大集団を率いるトップを除けば、みんなで同じような格好をして、同じことをしていただけだったので、個の器量はそこまで重要ではなかった。集団の一人であれば腕力はそこまで関係ないし、儲けを目的としているわけではないのでビジネスセンスも必要ない。

だが、半グレの時代ではまったく異なる。彼らは地下格闘技で個の力によって腕力を示さなければならないし、才覚によって人脈を築き上げてビジネスを立ち上げ、数多のリスクをかい潜って富を築かなければならない。個の力量が、会社員として生きるよりはるかに問われると言っても過言ではないだろう。

これによって、誰もが不良になれる時代は終焉《しゅうえん》を迎えた。それまでは学校という枠組みから外れれば、10人中8人は不良になっていたのが、1人、2人くらいしか本当の意味で不良として生きていくことができなくなったのだ。

近年、不良らしい不良がいなくなった背景には、このような若者の生態の変化が影響を及ぼしている。不良として生きていくハードルが高くなったことで、子供たちはそれを目指さなくなっていったのである。

ネットに吸い込まれていく子供たち

学校の枠組みから外れても、不良化しない子供が増えたことはわかっていただけたと思う。では、今ルールを外れた子供たちはどうしているのだろうか。

もう一度、117ページと185ページのグラフを見くらべてもらいたい。少年の非行が減っていくにつれ、入れ替わるように不登校が増加しているのがわかるだろう。

90年代というのは、学校という枠から外れた子供たちが、不良化するのではなく、不登校となっていった時代だと言えるのだ。

これを後押ししたのは、インターネット、ゲーム、アニメといった文化の台頭だ。これらがほとんどない時代、子供たちは学校へ行かずに部屋にこもったところで、暇を持て余すだけだった。

本棚に並んでいる漫画の数は限られているし、昼間にテレビをつけても、放送しているのは主婦向けのワイドショーや通販番組くらい。これでは家にいても精神的につらいだけだ。だから、子供たちは家の外へ行き、同じような境遇の子供とともに不良として徒党を組んだ。

だが、90年代の後半から広まったインターネットは、子供部屋での生活を何倍にも豊かにした。子供たちは一日中、ネットサーフィンやゲームをすることで、自分の部屋だけで暇つぶしできるようになったのだ。

これは子供たちにとっては画期的なことだった。無理をして不良になって、面倒な付き合いやケンカをしなくてもよくなったのだ。大多数の子供たちにしてみれば、特攻服を着て殴り合いをするより、オンラインゲームをやっていた方がずっと楽しいだろう。こうしてICTの発展とともに、ネットの世界へ流れる者が増えていく傾向が高まった。

ネットの世界に子供たちが吸い込まれていったことは、**ネット依存症**という別の問題を生み出した。

ネット依存症の内容については後に詳しく説明するが、少年院の数が減少するのと対照的に、現在ネット依存からの回復施設が全国的に増加していることが、現在の状況を如実に物語っていると言えるだろう。

本章の冒頭で、検挙数や事件数が減ったからといって、子供たちの問題が減ったわけではないと述べたのはそのためだ。困難を抱えた子供たちはグレるのではなく、自室にひきこもり、ゲームやインターネットの世界にのめり込んでいっただけなのだ。子供たちの問題は、非行から依存へと変化していったのである。

学校から外れた人たちのネットへの移行は、女子にも当てはまる。繁華街でギャルを演じるのが性に合っている子はともかく、そうでなければネットの世界にいた方が楽だ。

ＳＮＳのアイコンやアバターをつかえば、高価なブランド品を無理して買わなくてもいいし、「いいね」をもらうことで承認欲求も満たせる。売春して彼氏に貢ぐより、有名人に投げ銭をした方がパトロンのような気持ちになれる。それでネットの世界に入り込む女子が増えたのだ。

ただし女子の場合は、ネット依存症の他に、もうひとつ別の問題があるのを指摘しておかな

図7−3　児童買春及び児童ポルノ事犯の検挙件数の推移

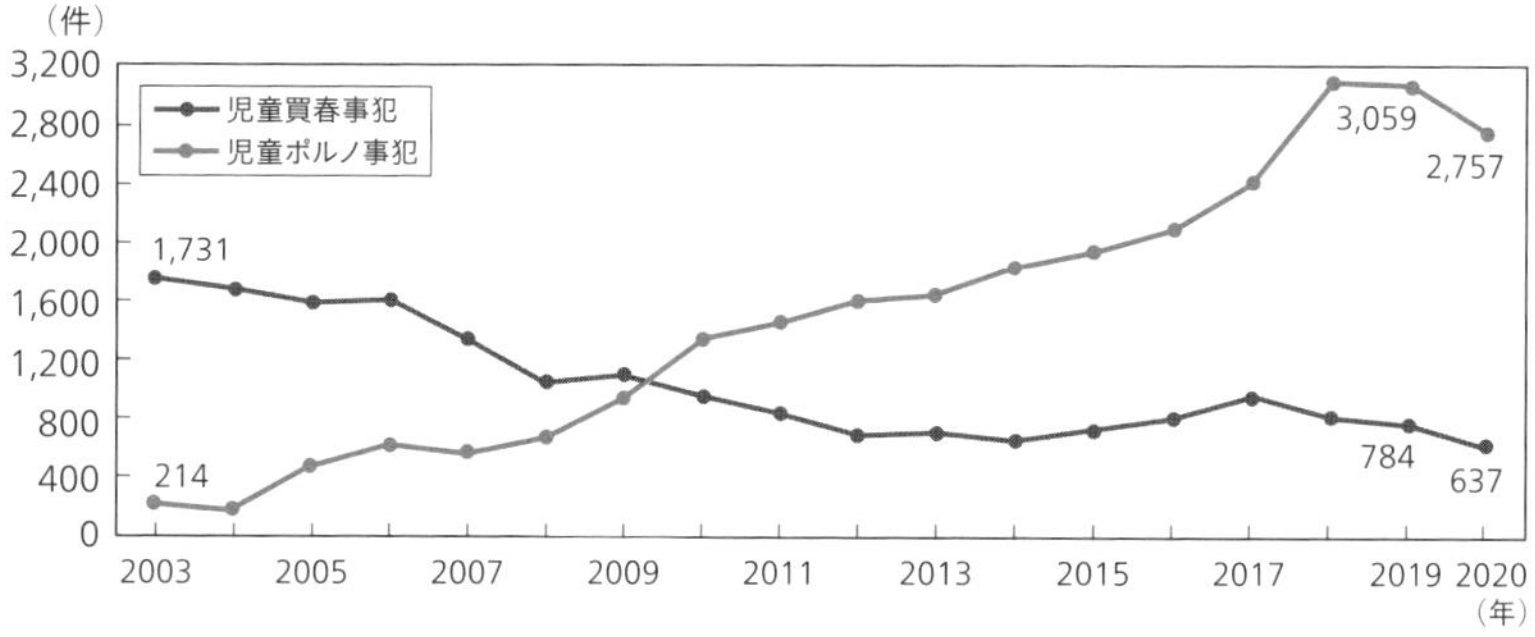

内閣府『男女共同参画白書』（令和2年度版）。警察庁「少年非行、児童虐待及び子供の性被害の状況」

ければならない。それはネットを利用した性犯罪に巻き込まれやすいということだ。

具体的に言えば、SNSで知り合った男性に呼び出されて性犯罪に巻き込まれるとか、送らされた裸の写真を拡散されるといったようなことだ。

図（7－3）を見れば、児童買春の件数が減る一方で、児童ポルノの件数が増えているのがわかるだろう。若い女性がこういう落とし穴にはまっていることは知っておかなければならない。

ネット依存症は現実逃避のひとつ

現代の子供たちが不良にならず、ネットの世界へと流れ込み、依存症へと陥っていくプロセスはわかってもらえたと思う。では、ネット依存とは何なのだろう。

厚生労働省が推計したところによれば、中高生でネット依存症が疑われる子供は93万人に上るとされている。実に7人に1人の割合だが、コロナ禍の前の

2017年度のものなので、現在は100万人を優に越していると見られている。

ネット依存は、男性に多いとされているゲーム依存と、女性に多いとされているSNS依存に大別される。1日に何時間以上がネット依存に該当するかという明確な線引きはないものの、症状としてはゲームやSNSに長時間没頭することによって日常生活をうまく営むことができなくなったり、金銭面や健康面などに影響が出たりすることだとされている。

大まかに言えば、次のような問題が生じている時だ。

日常生活

・没頭するあまり学校やアルバイトをさぼるようになる

・ネットの使用時間をコントロールできず、昼夜の生活が逆転する

・ネットが原因で親子や友人関係に亀裂が生じる

金銭面

・ゲーム課金やSNSでの投げ銭で何十万円も浪費する

・親のカード等をつかって借金を重ねる

健康面

・食事量の増減が顕著で、肥満や体重低下が起こる

・身体の異常——頭痛、肩こり、ドライアイ、腰痛、エコノミークラス症候群など

・ゲームのやりすぎでリアル世界での感情のコントロールを失う

全員に当てはまるわけではないが、ネット依存症の子供たちは、こうした状況に陥ることが少なくない。

僕の知っている子供に、中学3年生の時に不登校になり、そのままゲーム依存になった男子生徒がいた。

彼はゲームに夢中になっているうちに、食事やトイレの時間さえ惜しいと考えるようになった。親が部屋に食べ物を持ってきても口に運ぼうとせず、用を足したくなると部屋にあるペットボトルにした。毎日の睡眠時間は2時間あまり。それ以外の時間は延々とオンラインゲームをしつづけた。

その結果、男子生徒は60キロあった体重が40キロくらいまで落ちて、骨と皮だけのガリガリの身体になった。睡眠障害や情緒不安定の症状も現れ、親のカードをつかって100万円以上の課金をしていることが発覚した。

むろん、親は何度も注意したり、NPOの支援者に来てもらったりした。だが、男子生徒は自分がおかしくなっていることさえ自覚できず、逆に「俺の勝手だろ!」と親に暴力をふるう始末だった。

このように見ていくと、使い方を間違えた時、ネットというものがいかに子供の内面を破壊するかがわかるだろう。ネット依存の回復施設は、彼らを数週間から数カ月、時には数年にかけてネット環境から引き離し、社会復帰の道筋をつけている。

ネット依存の子供たちは、アルコール依存や薬物依存のように、独力ではネットから離れることができない。そのため専門家によって半ば強制的に隔離され、治療を受けなければならないのである。

ここで考えなければならないのが、なぜ子供たちはネット依存になったのかという点だ。すでに大人の依存症のところで、依存症が「孤立の病」と呼ばれていることは見てきた。社会的、心理的に孤立することによって、心に開いた穴を埋めるために、アルコール、薬物、ギャンブルといったものにのめり込むことが依存症のパターンだった。

同じことは、子供にも当てはまる。

ゲームには、依存になる要素がたくさん仕組まれている。巧みなストーリー展開、激しいBGM、ガチャ、オンラインでのつながり、定期的に届く通知、すべてはゲーム運営会社の人たちが、ユーザーを画面にくぎ付けにし、課金させたり、広告を示したりするための仕掛けだ。これはSNSも同様だ。

ただし、同じゲームやSNSをやっていても、依存症になる人とならない人がいる。どうしてなのだろう。その答えが「孤立」しているか否かなのだ。

子供たちの中には、家庭や学校でいろんな問題を抱えて、社会的、心理的に孤立している人が少なくない。ヤングケアラーであれば、家族と一緒にいながらも、心理的には誰にもわかってもらえないという孤独感を抱えているだろう。虐待家庭に育っていれば、物理的にも独りぼっちになることは多々あるはずだ。

――もうこんな現実から逃げだしたい。

――自分の身に起きていることを忘れたい。

状況が悪くなればなるほど、子供たちはそんな思いを強くする。そしてこういう気持ちが限界まで膨らんだ時、子供たちはネットの世界に逃げ込むという行動に出るのである。

具体的にひとつ事例を出そう。

事例 ゲーム依存

小学4年生の時、尾川涼真（仮名）の両親は離婚した。父親がDVに加え、浮気をしていたことが原因だった。

離婚後、母親は一人息子の涼真に期待をかけ、中学受験をさせる。母子家庭だからこそ、子供を一人前にさせたいと考えたらしい。経済的には厳しかったが、食費を削って塾へ通わせた。

だが、中学受験は失敗に終わる。母親は落胆し、受験のためにした借金の返済のために昼と夜の仕事を掛け持ちしなければならなくなった。

涼真は母親の期待に応えられなかった無力感と、家族がバラバラになった寂しさを抱えた。

そんな時、学校でお腹を壊して漏らしたことが原因で、同級生からいじめられるようになった。

間もなく、涼真は不登校になり、一日中家でゲームをしつづけた。彼は次のように語っていた。

「ゲームしてれば何もかも忘れることができたんです。家庭が壊れちゃったこととか、受験に失敗したこととか、いじめられていることとか。それが気持ち的にすごく楽だった。ゲームしている時だけがホッとできたんです」

ゲームが厳しい現実から逃避する方法になっていたのだ。

やがて彼はゲームの中の「自分の分身」であるキャラクターに存在意義を見いだすようになる。たくさんのアイテムを手に入れ、パワーアップさせれば、オンラインでつながっている他のゲーマーたちから一目置かれるようになる。そのために寝る間も惜しんでゲームをやるだけでなく、母親のカードで課金をくり返した。

母親は仕事の多忙さや親子関係の悪さから、涼真の不登校を放置していたが、課金額が数十万円に上っていることに気がつく。母親はもう放置できないと考えてゲームを止めるように言った。すでに依存症になっていた涼真はまったく耳を貸さなかった。

「これ以上、借金をしたら、うちの家庭は崩壊するよ！」

母親はそう言って、Wi-Fiを取り上げた。涼真はそれに激怒し、家中の食器を壊しただけでなく、母親にも暴力をふるいはじめた。

「Wi-Fiを返せ！　でないと殺すぞ！」

このままでは命が危ない。母親はひきこもり支援のＮＰＯに頼み、涼真を強引に病院へ連れていってもらった。そこで涼真はゲーム依存の診断を受け、入院による治療をすることになった。

この例からわかるように、子供にとってネットとは、言ってしまえば現実逃避先のひとつなのだ。

子供にとって現実があまりにつらく受け入れがたい空間であるため、ゲームやSNSという仮想空間に身を置こうとする。だが、そこに生きがいを見いだしてしまうと、今度は離れることができなくなる。それをネット依存症と呼ぶのである。

対症療法では解決しない

こう見ていくと、いつの時代にも学校の枠から外れる子供たちは存在することがわかるだろう。

暴走族、チーマー、援助交際、カラーギャング、ネット依存症……。時代によって形は違っても、子供たちはレールから外れた後、現実から目をそらすため、孤独を紛らすために、別の空間に居場所と生きがいを見いだしてきた。

だが、国の側からすれば、子供たちのそうした生き方は決して容認できるものではない。そのため、国は彼らの行動を問題視し、警察を介入させたり、医療につなげたりして解決を図ったが、押さえつけるたびに別の問題が生まれた。

なぜ、こうしたことが何十年もくり返されているのか。それは、国の取り組みが、モグラ叩きのような対症療法でしかないためだ。

そもそも、子供たちが学校の枠から外れる原因について、もう一度考えてもらいたい。

ある男の子は、小学6年生になるまで父親が5人も替わったそうだ。母親が離婚しては別の男性と再婚していたのだ。そして彼はその5人の男性から、それぞれ激しい虐待を受けていた。

彼は、こんな家にいたくない、と思ったが、夜に外をフラフラしているのはギャングのグループしかいなかった。そこで彼はギャングに近づき、メンバーの一員になる。そして仲間と絆《きずな》を深めるために、ドラッグや窃盗といった非行を毎日のようにくり返すようになった。

また、別の女の子は、小学生の頃から父親による性的虐待を受けていた。母親が夜の仕事をしており、その間にいたずらをされていたのだ。行為は年齢が上がるにつれてエスカレートしていった。

彼女は父親から逃れるため、中学2年の時に家出をし、先輩の家に転がり込んだ。だが、その家に集まっていた男子の先輩数人から性的暴行を受けることになる。

ここから彼女は自暴自棄になり、先輩に命じられるままに援助交際をした。先輩が見つけてきた客とホテルへ行き、手に入れた金を山分けしたのである。彼女にとって、それが家出生活を成り立たせる術だった。

このように、子供が道を外れるプロセスを見ていくと、その生活環境に原因があることも少なくない。幼少期からいろんな壁にぶつかり、生きづらさを抱えることによって、レールに乗せてもらえなかったり、自らもレールに乗る力がなかったりするのだ。

しかし、国が行ってきた対策の多くは、このような子供たちが示す非行という行動だけを押さえ込み、無理やりレールにもどすことだった。それは彼らが内面に抱えている葛藤の根本的な解決にはならない。だから、国がいくら対策を講じても、子供たちの問題行動はなくならなかったのだ。

現在、国はようやくこうしたことに気づき、対症療法ではなく、原因療法に力を入れつつある。子供たちの非行や依存を力ずくでやめさせるのではなく、なぜ彼らがそうした行動を取るのかを考え、原因となっている成育環境や病理の改善に取り組もうとしているのだ。

近年、国が新たに取り組んでいる親に対する子育て支援、虐待家庭の子供の保護、スクールカウンセラーやソーシャルワーカーの介入といった親子支援は、子供の健全な育成を実現するためのものだ。こうした取り組みを充実させることによって原因治療へとつなげようとしているのである。

一方で、ネット依存症にせよ、売春にせよ、当事者の子供たちが意識しなければならないのは、自分が抱えているリスクと未来についてだ。

ネット依存症に関して言えば、ゲームやSNS三昧《ざんまい》の生活には、遅かれ早かれかならず終わりがくる。本人がそれにのめり込みすぎて心身を壊すか、親が経済的にその状況を支えられなくなるかして破綻《はたん》するのは必然だ。

売春も同じだ。女性が一生体を売って生きていくことはできない。何年もつづけていれば、妊娠、性感染症、精神疾患などのリスクが雪だるま式に膨らんでいく。

だからこそ、周りの人たちはこう言う。

「そんなことをするべきじゃない。ちゃんと社会に出て働こう」

子供たちの未来を考えれば、真っ当な意見だ。

しかしながら、当事者の子供たちは、そうした意見を客観的に考えることができない。なぜなら、**今という厳しい現実を生き抜くので精一杯**だからだ。

本当に困難な状況にある子供たちは、たとえ自分のことであっても数年先の未来を思い描いて行動するような心の余裕がない。その時その時を乗り切るのがやっとであり、自分の人生を俯瞰《ふかん》して考えることができないのだ。

また、彼らは多くの挫折体験をしたことによって、自暴自棄になってしまっている。親から放置されつづけてきたり、性的虐待を受けたりすれば、自分の命すら大切にできず、「私の人生なんてどうなったっていい」と考えるようになる。これを**セルフネグレクト**と呼ぶ。自分で自分の人生を放棄してしまうという意味だ。

だからこそ、周りの人たちが気にかけ、リスクの高さを警告し、手を差し伸べようとしても、当事者の子供はそれを拒むような言動をする。

彼らの常套句《じょうとうく》は次のようなものだ。

「私のことなんてどうだっていい。あんたには関係ないんだから、放っておいて」

彼らは社会に自分の居場所なんて存在しないと思っているし、そんな自分自身をどうでもいい存在だと決めつけてしまっているのだ。周りの人たちも手を出しあぐねて、支援は難しいと思ってしまうかもしれない。

だが、それで手を引いてしまうのは早い。

たしかに、当事者の子供たちは、投げやりなものの言い方をするし、自分を傷つけることを平気でする。だが、それは彼らの本音ではない。

僕はこれまで何百人という当事者の子供たちに話を聞いてきたが、じっくりと耳を傾ければ、9割以上は次のように語る。

「本当は今のままじゃヤバイとわかってる。けど、どうしたらいいのかわからない。今のままでいるしかないよ」

彼らは自分を劣った無力な人間だと考え、状況を打開することはできないと思い込んでいるからこそ、自暴自棄にならざるをえないだけなのだ。それ以外に何ができるのかがわからないのである。

社会は当事者の経験こそ必要としている

僕はこうした子供たちにつたえたいことがある。君たちは無力ではなく、他の人には持っていない力を備えているのだ、と。

これは慰めでも何でもない。彼らが持っている力とは、当事者だった経験があるということだ。実はこの当事者の経験というのは、本人が思っているより何倍もの力を発揮することがある。

たとえば、更生保護施設という機関がある。少年院や刑務所から出てきた人たちが、社会復帰のために一時的に暮らすところだ。ここで人と交わることに慣れたり、学校へ通い直したり、仕事を探したりする。

施設で働く支援者の多くは、専門知識や資格を持った人たちだ。だが、日本では一度罪を犯した人の再犯率は高く、明らかになっているだけで3人に1人に上る。つまり、専門家が支援したところで、うまくいかないことが往々にしてあるのだ。

こうした現実の壁を乗り越えて活動する団体もある。高い確率で再犯を抑えることで知られている福岡県の更生保護施設「田川ふれ愛義塾」だ。

ここの代表理事の工藤良《りょう》さんは、かつて暴走族の総長だった人物で、その後暴力団に入って違法ドラッグの密売に手を染めていた。しかし、彼は心を入れ替えて社会復帰し、今度は自分自身が非行少年の社会復帰を支援しようと更生保護施設を設立した。

工藤さんは更生が困難だと思われる人たちと向き合い、次々と社会復帰させていった。各種メディアに取り上げられることで評判が広がり、さらに厳しい状態にある若者たちが来るようになったが、進んで受け入れた。そして、他の更生保護施設とは比べ物にならないくらい再犯率を抑えることに成功したのだ。

なぜ、工藤さんは非行少年たちを更生させることができたのか。それは生の経験の蓄積があるからだ。

専門家は、知識としてはたくさんのことを知っているが、自分がそういう立場になったことがないので、本心では彼らがどう思っているのか、何をしてほしいのか、どういう言葉や態度が響くのかといったことがわからない。

一方、工藤さんは自分が元当事者であり、同じような経験を持つ仲間も周りにたくさんいたので、感覚的に彼らの内面を把握できる。だから、マニュアルにはないやり方で、若者たちの気持ちを動かしていくことができるのだ。

また、若者たちの方も、同じ経験のある人に対しては信頼感を抱くものだ。頭でっかちな専門家より、同じ苦しみや現実を背負った経験のある人に共感するのは自然だ。だから「工藤さんにならついていこう」と考える。

つまり、当事者にはそうでない人にはない「**当事者の経験というパワー**」があるのだ。

近年、日本では多種多様な支援現場で、こうした当事者の経験を持つ人たちの力が認められ、活躍する傾向にある。

たとえば、奈良県にワンネス財団という依存症の回復支援団体がある。この団体は当事者が持つ力を活用することで知られており、スタッフの大半が同施設で回復を実現した人たちだ。

スタッフの中にはネット依存の経験を持つ男性もいる。彼は施設内で今まさにネット依存に苦しんでいる人たちのケアを行うだけでなく、教育現場などでネット依存についての啓発活動を行っている。

このように当事者は自分でも気がついていないだけで、他の人にはない力を兼ね備えている。そして社会はまさにその力を必要としているのだ。

子供たちには決して自分を無力だと思わず、マイナスだと感じている経験は別の場所に行けばプラスに変えられるのだということを知ってほしい。そうやって自分を信じ、一歩を踏み出せた時、その人はかならず社会に必要とされる存在になるはずだ。

第8章

マイノリティといかに向き合うか

マイノリティとは何か

ここ10年ほどの間に、日本社会にはかつてないほどマイノリティという言葉が広まった。

マイノリティとは、日本語にすれば「**社会的少数者**」となる。ある社会において人数や力関係で弱い立場に属する人たちのことだ。

社会という集団の中には、第6章で述べたように、もともと特定の人を排除しようとする本能が備わっている。特に社会がひとつにまとまり、向社会性が高まれば高まるほど、少数者をふるい落とそうとする力は強大になる。

世界中にその痕跡があるが、日本でも様々なマイノリティへの差別が行われてきた。教科書に載っているようなものであれば、同和地区で生まれ育った人々への差別が挙げられるだろう。

江戸時代の日本では、武士、百姓、町人からなる身分制度がつくられていた。だが、その身分制度に組み込まれなかった人々――皮革《ひかく》の加工に従事した人たちなどが「穢《けが》れた人」とされて差別されていたのだ。

明治時代に入ると、政府が解放令を出したことで、公には身分制度は撤廃された。だが、その後も、彼らは同じ地区に暮らして同じ職業に就かざるをえなかったことから、偏見の眼差しを向けられつづけた。

これは同和問題と呼ばれるが、子供たちも大人同様に差別の対象となった。被差別部落の出身というだけで、学校でいじめられたり、就職や進学で不利益を被ったり、結婚が認められなかったりしたのだ。

同じく教科書に出てくるものであれば、アイヌ民族に対する差別問題も挙げられるだろう。かつて北海道には、アイヌという民族が特有の文化を持って暮らしていた。アイヌ語を話し、固有の信仰を持ち、身体に入れ墨を施すなどの習慣があった。

明治時代になって、日本政府は北海道の開拓を推し進めていく。アイヌの人々が住んでいた森を切り開き、本土の人たちを大勢移住させた。そして北海道の地に日本の法律や習慣を広め、学校ではアイヌの子供たちに日本語教育を行った。

当時、本土に暮らす人々は、アイヌ民族を自分たちとは異なる人種で、ともすれば文化的に遅れている人だと捉える傾向にあった。時にそれは暴力的な同化政策や激しい差別を生み出した。そして北海道だけでなく、日本各地に住んでいたアイヌの人々をも苦しめることになったのだ。

僕は大正時代や昭和初期に生まれたアイヌの人たちにインタビューをしたことがある。彼らは一様に若い頃に差別を受けた経験があると語っていた。次は、大正生まれのアイヌ人女性の言葉である。

「物心ついた時からアイヌということでバカにされていました。目鼻立ちがくっきりとしているとか、体毛が濃いというのがアイヌの特徴だって言われて、学校では他の生徒だけでなく、先生からも差別されていたんです。私にしてみれば、アイヌの血を隠すのに必死でした。毎日何度も体毛を抜いていたし、前髪を伸ばしたり、眼鏡をかけたりして顔を隠していました。アイヌであることを知られるのは、それだけつらい思いをすることだったのです」

同和にせよ、アイヌ民族にせよ、彼らが受けてきた差別は、歴史的背景を持つものだったと言えるだろう。当時の日本社会はそれらに属する人々をマイノリティに仕立て上げ、社会的排除の標的にしたのである。

国がこうした差別への対応に本腰を上げたのは、日本が戦後の経済成長によって国力をつけてからだった。欧米諸国に肩を並べるようになると、政府は名実ともに先進国の仲間入りをするために、国際的な批判となりそうなことを是正《ぜせい》していった。それが不当な差別を禁じる法律や条例、それに差別を受けていた人々への支援の制定だったのだ。

こうした国の働きかけは一定の成果を上げたものの、マイノリティそのものの存在がなくなったわけではない。冒頭で述べたように、マイノリティとは、社会の中で人数や力関係で弱い立場に属する集団のことだ。逆に言えば、**社会の中でマジョリティ（社会的多数者）の概念が変われば、かならずそこにマイノリティは生まれる。**

第5章でも触れたが、30年前は社会に発達障害という概念は広まっていなかった。だから、彼らは障害者として区別されることはなく、健常者というマジョリティの側にいたのである。だが、発達障害の概念が生まれたことで、彼らはハンディのあるマイノリティとして位置づけられることになった。

こうしてみると、物事の概念が変わったり、社会変化が起きたりすることで、特定の人々がいとも容易くマイノリティになることがわかるのではないだろうか。

本章では、特に子供たちのマイノリティ問題として取り上げられることの多い、「性的マイノリティ」と「国籍マイノリティ」に光を当てて考えてみたい。

LGBTQの当事者は生きやすくなったか

近年、よくつかわれる「LGBTQ」とは、レズビアン、ゲイ、バイセクシャル、トランスジェンダー、クエスチョニング（性を定められない人）など、性的マイノリティ＝性的少数者を示す言葉だ。

日本の社会では、今も異性を愛する人たちこそが、「正常」とされている。男性と女性が愛し合い、結婚という形態で一緒になって子孫を残すことこそが、人間の正しい営みなのだ、と。

どうしてこうしたことが起きていたのだろう。

昔の村社会は、人々が異性と結びつき、子孫を残すことによって成り立っていた。跡取りとなる子供を残すことで家業を守る、血縁同士で支え合う、老後に世話をしてもらうといったことで回っていたからだ。異性愛に基づく家族関係が、村社会の基盤になっていたのだ。

そうした社会の中で、性的マイノリティの人々はどれくらいいたのだろうか。

２０１９年に大阪市で行われた調査によれば、図（８－１）のように性的マイノリティの人の割合は全体の約３％であり、「決めたくない・決めていない」と考えている人は約５％とされている。あくまでも一調査にすぎないが、目安にはなるだろう。

図8－1　性的志向の認識の分布

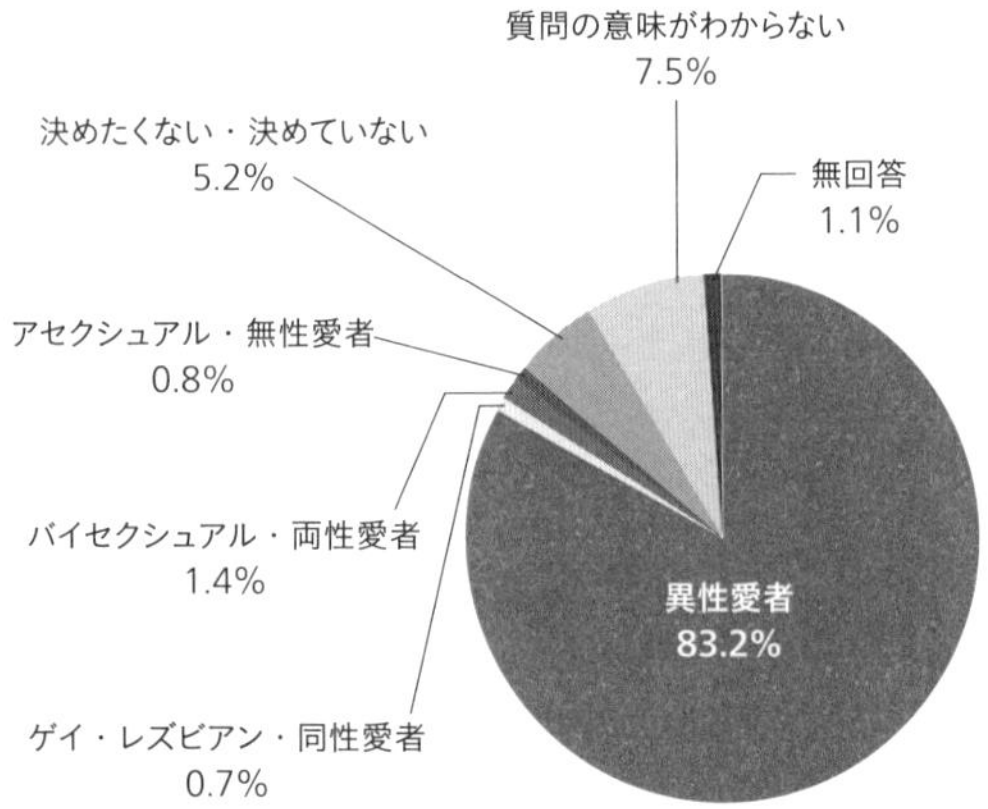

無作為に抽出した18〜59 歳の大阪市在住の男女15,000人を対象とした「大阪市民の働き方と暮らしの多様性と共生にかんするアンケート」（2019 年1月）

そんな彼らにとっては、このような社会的システムの中にいつづけるのは非常に息苦しいものだっただろう。もし彼らがLGBTQであることを知られれば、マジョリティの側から存在を否定されるような扱いを受けるか、村社会から追放されることになる。

そのため、LGBTQの人々は、村社会で生きていくには自らの性的指向を隠す必要があった。ゲイであっても、自分に嘘をついて女性と結婚して子供をつくらなければならなかったし、レズビアンであっても夫に尽くす妻を演じなければならなかった。自分の立場に置き換えてみれば、それがどれほどつらいことか想像できるのではないだろうか。

かつて僕が話を聞いた1950年代生まれのゲイは、次のように語っていた。

「当時はゲイなんて考え方そのものがなかったんです。だから、私は自分自身が男性を好きになるのがなぜなのかわからなかった。病気なのか、だとしたら、いつ治るのか、治らなかったらどうするのか……。いろんなふうに悩み、苦しんでいましたが、相談する相手すらいませんでした。

そのまま20代になり、親に無理やりお見合いをさせられて、好きでもない女性と結婚しました。長男だったので、断るという選択肢がそもそも許されなかったのです。なんとか1人だけ子供をつくりましたけど、それ以来、私は妻には指一本触れませんでした。妻はそんな私に愛想を尽かし、結婚9年目に子供を置いて出ていきました。妻には申し訳ない気持ちでしたが、女性を愛せないし、夫婦を演じるのが苦痛なのでどうしようもなかったのです」

これが当時の性的マイノリティの人々が抱えていた苦悩の一面だったと言える。

マジョリティの力が極めて強大だった日本においても、時代を経るにつれ少しずつ性的マイノリティに対する認識が広がるようになる。それを後押ししたのは、1960年代から欧米ではじまった性の自由化の動きだろう。そこで性的マイノリティの存在が認識され、新しい文化となって海を越えて日本にも広まってきたのだ。

特に、東京など大都会には、新しい価値観が入ってきやすかった。そうした中で、新宿2丁目に代表されるゲイの人たちが集まる空間、ニューハーフバーと呼ばれるようなショーパブ、女性が男装してホストをするおなべホストクラブといったものが、大都市を中心に少しずつ生まれていく。テレビに登場するタレントが、トランスジェンダーであることを公言することで、一般の認知度も増えていった。

それでも90年代くらいまでは、大都会であっても今に比べれば学校や企業にはまだまだ性的マイノリティに対する偏見は根強かった。情報がきちんと広まっていなかったことに加え、同性愛者の間でＨＩＶという性感染症が流行したことから、新たな差別意識も広まっていた。

学校では性的マイノリティと見なされた子供たちがいじめの対象になったし、会社勤めであれば未婚であることが出世の妨げになった。親も対外的には理解を示す一方で、我が子のこととなれば、途端に拒絶反応を示すことが少なくなかった。

そのため、日中はマジョリティ側の人間を装って生きて、夜にだけゲイが集まるような場所に行ったり、同じ性的マイノリティの人たちと会う時だけ本来の自分の性を生きる風潮があった。

そんな社会に大きな風穴を開けたのは、インターネットの登場だ。それまで各地で息をひそめていた性的マイノリティの人たちは、インターネットという新しいコミュニケーションツールを手に入れたことで加速度的につながりを広めていった。

同じ性的指向を持つ者がアプリを通じて簡単に出会えるようになる、ＳＮＳを通して自らの性についての情報発信をする、当事者団体を結成して性的マイノリティの啓発や支援の活動を行うなど、数多くの活動が行われ、社会的にも可視化されるようになった。

社会に当事者の声が広まるにつれ、マジョリティの人々の間でも性的マイノリティへの差別について考え、風潮を変えていこうという機運が生まれた。自治体が啓発活動を行ったり、民間団体が相談窓口を設置したり、企業が社会的責任としてそれらの活動に参加したりするようになったのだ。SDGsの目標においても、ジェンダー平等の実現の中には性的マイノリティの人権尊重が含まれている。

こうした流れの中で、学校でも性的マイノリティについての教育や人権擁護の取り組みが行われるようになった。道徳等の教科書の中で性的マイノリティのことが記され、学校によっては男女共に使用できる多目的トイレの設置、男女兼用のジェンダーレス制服や水着、プールなどの授業の免除といったことが行われている。

近年の流れを見る限り、20〜30年前と比べれば、性的マイノリティの人々を取り巻く環境は大きく変わったと言えるだろう。少なくとも表面上は、人々の理解はかなり深まった。

しかし、当事者にとっても今の世の中は本当に生きやすいものになったのか。

実はそうではない。その理由について考えてみたい。

日常の中での苦しみ

日本で、性的マイノリティがどういう心理状態にあるかがわかる指標がある。彼らが抱えている自殺リスク率だ。

図(8-2)を見てもらいたい。これは男性だけの例だが、異性愛ではない人(性的マイノリティ)の自殺をしようとする率は6倍となっていることがわかるだろう。

図8－2 自殺未遂経験に有意に関連する要因（男性）

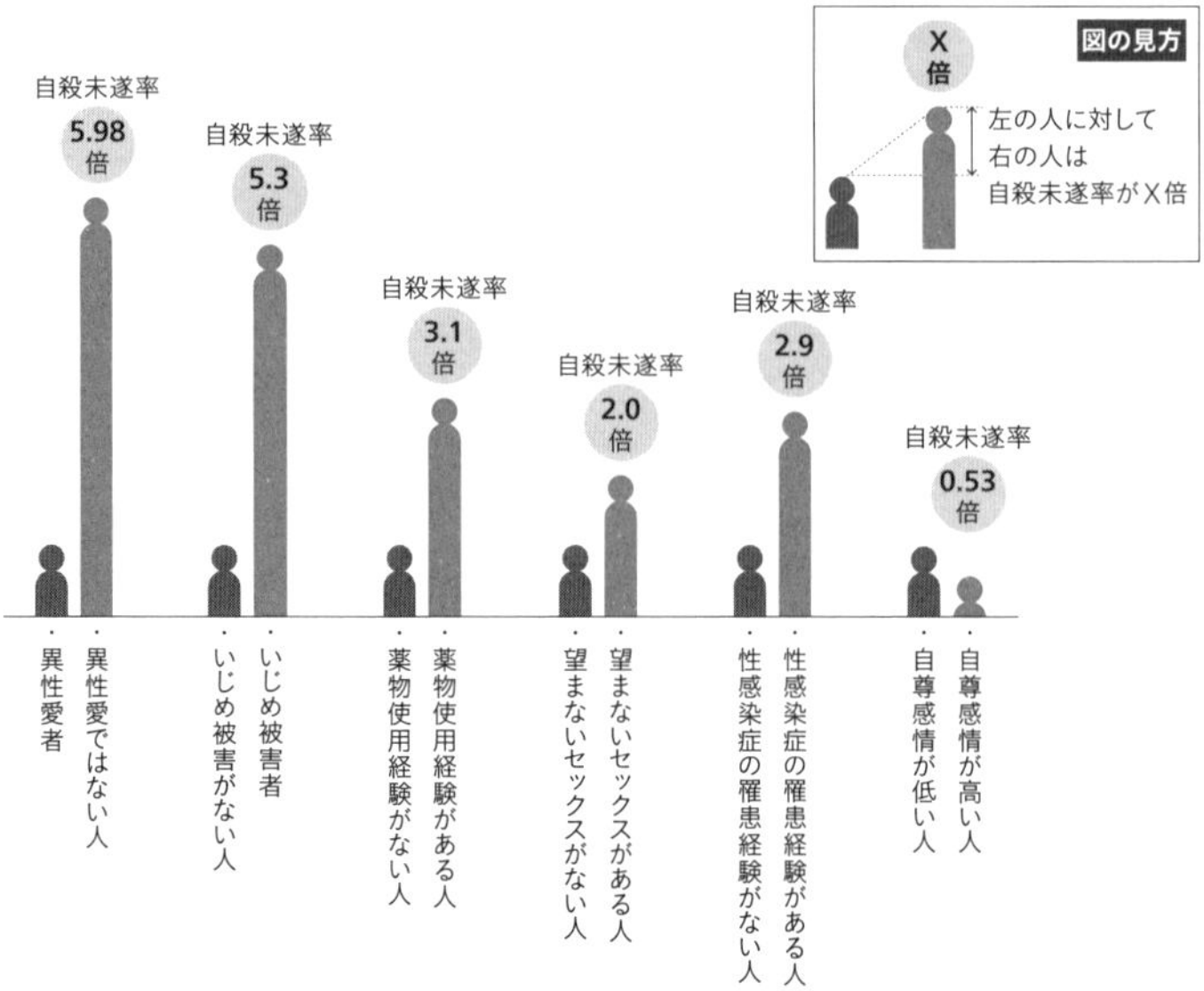

日高庸晴宝塚大学看護学部らが実施した「わが国における都会の若者の自殺未遂経験割合とその関連要因に関する研究――大阪の繁華街での街頭調査の結果から」

図8－3 性同一性障害に伴う問題（重複回答あり）

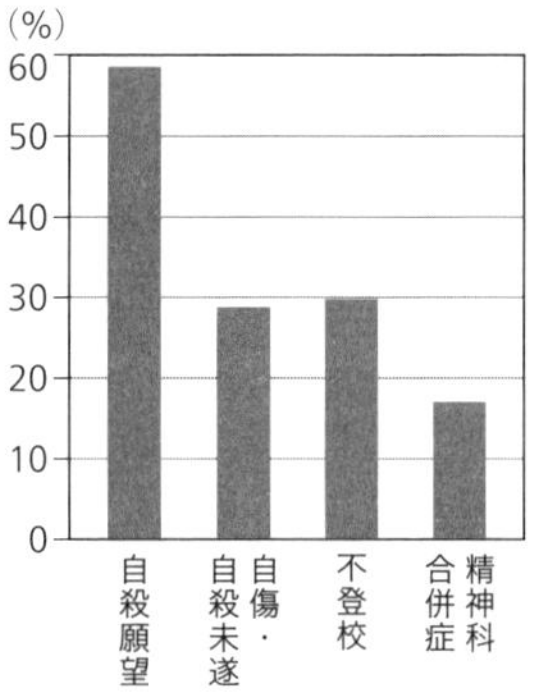

岡山大学病院ジェンダークリニック中塚幹也教授が1999年から2010年に同クリニックを受診した1167人を対象にした調査

心だけでなく、身体的な違和感を抱えて生きているトランスジェンダーについては、さらに深刻な数値が出ている。図（8－3）によれば、医療機関につながった人のみが対象となった統計とはいえ、60％近くが自殺願望を抱いており、30％近くが自殺未遂や不登校になっている上、20％近くが心を病んでいる。これを見るだけで、彼らの日常の中での苦しみが垣間見えるのではないだろうか。

このような状況が生まれた背景を、2つの側面から考えてみよう。

1つ目が社会の側の問題だ。

先述したように、近年、性的マイノリティの啓発活動が様々なところで行われるようになったことで、人々の理解は深まりつつある。教育の機会、相談窓口の数、当事者団体の数は、以前と比べれば桁違いと言っていいだろう。

しかしながら、マジョリティが彼らの存在を認知したところで、本当の意味で受け入れる空気が社会にあるかどうかは別だ。

トランスジェンダーは物心ついた頃から自分の性に違和感を覚えていることが多いし、ゲイやレズビアンは思春期になって気がつくことが多い。だが、そうした年齢の子供たちが素直に悩みを打ち明けられる場は学校にはなかなかないし、周りの子供たちも適切な対応を取れる年齢に至っていない。

また、家庭や学校も、必ずしも子供たちの味方になるわけではない。大人は知識としてはLGBTQを知っていても、我が子の問題となると別のこととして考えがちだし、具体的にどうすればいいのか見当もつかない。子供も薄々それを察しているので、相談するという選択になりにくい。

学校も同じだ。都会の私立校であればジェンダーレス制服を導入しているところも多いが、公立校や地方では未整備なところが大半だ。教員も授業で知識を教えることはあっても、いざクラスの生徒から当事者としての悩みを打ち明けられても、結局はスクールカウンセラーや保健の先生に丸投げして終わりということもある。

私の知っているトランスジェンダー（男性の体を持ちながら性自認は女性）は、次のように語っていた。

「ネットで検索すれば、トランスジェンダーの情報はたくさんありますけど、家や学校ですぐにカミングアウトできるかと言われればそうじゃありません。たとえば親に言ったところで、簡単には受け止めてはもらえないでしょう。悲しませたり、苦しませたりすることがはっきりとしています。先生や同級生だってそう。昨日まで男の子の格好をしていた私が、いきなり女の子の服を着て学校にやってきたら混乱するでしょうし、笑う人もいるでしょう。仮にカウンセラーやお医者さんのところに行って理解してもらっても、親や先生や同級生がそうでないならほとんど意味がありません。結局、生きづらさを抱えたまま黙って生きていかなければならないのです」

また、ゲイの男性はこう語っていた。

「自分がゲイだとはっきりと認識したのは中学生くらいの時だったと思う。ゲイの場合はトランスジェンダーと違って表面上は男性として生きられるので、カミングアウトする必要は少ないよね。

でも、好きになった男性に告白したいとか付き合いたいって思うのは当然じゃん。なんだけど、相手がノンケ（異性愛者）ならフラれるのは目に見えているし、それが他の人に広まればからかわれるリスクもある。そういうジレンマをずっと抱えて生きなければならないのは精神的にきつい。ずっとこんなんなら、ひと思いに死んじゃいたいって考えたことは何度もあった」

こうした声を聞くと、知識が広まることと、社会が受け入れることには溝があることがわかる。

同和問題にしても、明治時代になって身分制度が撤廃された後も当事者への差別は残り、今も完全に解消されたとは言い難い。それと同じように、社会に新たな制度や動きができたとしても、人々が本心でそれを受け入れるようになるまでにはタイムラグがあり、性的マイノリティはそれに苦しめられているのだ。

だからこうしたことを変えようとするのであれば、マジョリティ側の人間が今よりも深いレベルで意識を変えていくことが求められる。

どうすれば子供の性的指向を受け入れることができるのか。悩みを口にしやすい環境を整えるにはいかなる方法があるのか。同性に告白された際にどう対応すべきなのか……。

そうした議論を積極的に積み重ねていくことでしか、性的マイノリティの目に映る「壁」を取り除くことはできないのだ。

性的マイノリティを学ぶ難しさ

2つ目として挙げたいのが、当事者側の問題だ。

LGBTQとは、性的マイノリティを5つの概念で示した言葉だが、実際はもっと多岐にわたっている。いくつか例を出せば、インターセックス（男女双方の性的特徴のある身体をもつ人）、パンセクシュアル（すべての性的指向をもつ全性愛者）、Xジェンダー（性自認が男性にも女性にも当てはまらない人）、アセクシャル（性的指向を持たない人）、トゥースピリット（男女両方の精神を持つ人）などだ。

人や団体によって類別は異なるが、一般的に20〜30くらいに分けられるとされており、人によっては100以上、あるいは人の数ほどあると主張する人もいるほどだ。その数は増えることはあっても、減ることはない。

人が自身の性に違和感を覚えた場合、ネットで検索するなり、相談窓口に行くなりして、自分の性を何かしらの分類に当てはめようとする。自分の性的指向を特定することによって安心したいと思うのは当然の心理だ。だから20以上もの分類の中から、自分がどれに当てはまるのかを見つけようとする。

だが、ここで壁にぶつかることがある。人にとって性的指向とは常に1つとは限らない。特に若いうちは性的指向が定まっておらず、ゆらぐことが少なくないのだ。

たとえば、小学生くらいであれば、仲のいい女の子同士が手をつないで歩くことは珍しくないだろう。そして自分の親友の○○ちゃんと結婚したいなどと口にすることもある。男の子も同じだ。母親にマニキュアを塗ってもらったり、キラキラしたきれいなものが好きだったりする子は少なくない。仲のいい男子同士で誰かの家に泊まって同じ布団で肌を寄せ合うようにして眠ることもある。

だが、中学生、高校生と年齢が上がるにつれて、だんだんとそうしたことは減っていく。なぜなのか。

子供は恋愛感情や性自認が未形成な状態にあるからだ。人は年齢を重ねるにつれてだんだんと性的指向を明確なものにしていく。もちろん、そこには個人差もあり、小学校の中学年くらいではっきりとしたものを持つ人もいれば、高校生くらいになっても未形成な状態にある人もいる。性的指向が定まるまで、人によってそれなりの時間を要する。

性的マイノリティの概念が広まるのは社会的には良いことだが、子供によってはまだ自分の性的指向が定まっていないうちにその概念を知ることで、自分は性的マイノリティなのではないかと早とちりすることがある。

性的マイノリティの支援団体のスタッフの言葉だ。

「最近は、中学生くらいの女の子が自分はＬＧＢＴＱかもしれないと言って相談にやってくることが増えています。まだ若さゆえにゆらいでいるだけなのに、早いうちからＸジェンダーだと決めつけ、その後の成長過程で変わっていく自分の性を認められなくなるとか、次から次に別のカテゴリに自分を当てはめて混乱することがあるのです。

また、ファッション感覚でＬＧＢＴＱを自称する人もいます。自分は他の人と違うからかっこいいみたいな形でパンセクシャルだと公言したりする。でも、結局のところそうではないので、周りの人からは『この人は違うよね』と気づかれて、浮いた存在になってしまうのです」

若いうちから性的マイノリティについて学ぶのは重要だ。だが、まだ未形成なうちに自分の性的指向を固定してしまうと、本人がその後の自分の変化についていくことができず、困難を抱えることになる。

このことから言えるのは、若いうちは性的指向がゆらぐということを自覚した上で、性的マイノリティのことを学ぶ必要があるということだ。そうでないと、性的マイノリティについての知識が、逆にその子を苦境に追いやることになる。

だが、教育をする大人もなかなかそこまで深く考えられないし、きちんと時間を割くこともできない。ましてや一人ひとりの内面に深く寄り添えるわけではない。ここに性的マイノリティを学ぶ難しさがある。

君がもし自分の性的なアイデンティティについて悩んでいるのならば、早い段階で自分を何か１つに当てはめないという選択肢も必要だ。

先の支援団体のスタッフは次のように語っていた。

「30歳を過ぎて突然ゲイになる人とか、若いうちはレズビアンだったのが20代の終わりになって男性に恋して結婚して出産したという人もいます。大人になってもゆらぎはあるのです。今はいろんな情報が溢れているから、自分を型に当てはめたくなりますが、そもそも性はゆらぐものだという認識でいる方が楽なのではないでしょうか」

この意見はマジョリティである異性愛者にも通じることだろう。自分はマジョリティの側だと決めつけるのではなく、同じゆらぎを抱えている同じ人間なのだと認識すれば、きっと性的指向を取り巻く空気は今よりも和らぐはずだ。

個人の捉え方1つで、世の中は生きやすくなるものなのだ。

外国にルーツのある子供たち

多くの国にとって、外国人差別は根深い問題だ。

現在、約1億2000万人の日本人の大半が日本に暮らしている一方で、2021年末の在留外国人の数は約276万人。それ以外にも日本国籍ではあるが、祖父母や親の片方が外国人という人もいる。

今の学校現場ならば、地域にもよるが1クラスに1人くらいは外国にルーツを持っている子供がいるのではないだろうか。それは、ともすれば彼らがマイノリティに位置づけられることを意味している。

そもそも、なぜ外国人差別は生まれるのだろう。大きく3つの面から考えたい。

1　愛国心
2　外見や文化の違い
3　偏見

順番に考えていこう。1つ目が「愛国心」だ。

国が国民を一つにまとめるためには、愛国心を育ませる必要がある。それゆえ国旗を掲げ、国歌斉唱を促し、国の歴史を学ばせ、理想の国家を形成しようと呼びかける。

日本では、愛国心は何やらきな臭いものとされがちだ。ただし、諸外国の中には、国家形成がうまくいかず、国民が民族や宗教によって分断され、血で血を洗う紛争をくり返している国が少なくない。それを考えれば、国民に愛国心を与えて、平和な国を築き上げようとすることは、決して悪いことだとは思わない。

ただし、国民としての団結が強まれば、自ずとそれ以外の人たちを排除しようとする空気はどの国にも生まれうる。そしてそれは、学校におけるいじめの構造と同じだ。だから、外国人がクラスの中でマイノリティの立場に追いやられることになる。

2つ目に挙げられるのが、外見や文化の違いだ。外国にルーツがあれば、肌の色、体格、名前、言語（発音）などの違いが生まれる。また、食生活から宗教に至るまで様々な生活習慣のズレもあるだろう。

人は、自分の知らないことに対して不安を抱く生き物だ。だから、見た目の違いから距離を取ることがあるし、仮に普段は普通に付き合っていても、ふとその子が知らないお祈りをしたり、名前も知らないものを食べていたりするのを見た時に、違和感を覚えることがある。

3つ目は、人が抱える偏見だ。残念ながら、日本人にもゆがんだ先入観を持っている人が少なからずいる。「黒人は怒りっぽい」「ベトナム人は貧乏だ」「イスラム教徒は怖い」「インド人はカレー臭い」「ブラジル人はサッカーがうまい」……。

当たり前だけど、日本人の中にも優しい人もいれば怖い人もいるし、サッカーが上手な人もいれば下手な人もいる。これは外国にルーツのある人も同じだ。にもかかわらず、こうした間違った固定観念を持つことで、相手を色眼鏡で見てしまう。そうなると、外国人の側からすれば、自分が偏見にさらされているような気持ちになるだろう。

このように、日本人は外国人を異質な者として考え、不当な扱いをすることがある。ただし、その根っこには「自分たちの方が上級で、外国人が下級」という潜在的な優越感があることを忘れてはならない。人は自分の方が上だという意識があるからこそ、差別意識を抱くのだ。

なぜ、こうした誤った優越感は生まれるのか。背景には、外国人をめぐる日本の歴史が少なからず関係している。

不法な出稼ぎ外国人というレッテル

日本においてもっとも多く語られてきた外国人差別と言えば、在日朝鮮人・韓国人に対するものだろう。

明治時代以降、朝鮮半島を併合して植民地にしたこともあり、日本には朝鮮半島から強制的に連れてこられた人々や、貧しさゆえに海を渡ってきた人々が「在日朝鮮人」と呼ばれて大勢暮らしていた。

こうした歴史的背景もあって、日本人は在日朝鮮人のことを一段低く見る傾向にあった。日本に来た朝鮮人の多くは、同じ集落で身を寄せ合うようにして暮らし、低賃金の重労働をしていた。日本人はそんな彼らに対して「異国からやってきた貧しい人々」とか「日本人の仕事を奪う外国人」といった否定的なイメージを抱いていたのだ。

大正時代に起きた関東大震災の際、朝鮮人狩りと呼ばれた在日朝鮮人に対する虐殺事件が起きたのを知っているだろうか。

震災によって混乱した日本人の間に、「朝鮮人が井戸に毒を入れている」とか、「放火している」といったデマが流れ、それを信じた人々が在日朝鮮人を無差別に殺害したのだ。同じ町に住んでいて、常日頃から対等な関係を結んでいれば、そんなことが起こることはなかっただろう。逆に言えば、同じ町に住んでいながら、それだけ両者の間には深い溝があったのだ。

太平洋戦争後に勃発した朝鮮戦争によって、朝鮮は韓国（大韓民国）と北朝鮮（朝鮮民主主義人民共和国）の2つに分かれることになった。この時に祖国に帰った人々もいた一方で、日本に残留することを選んだ人たちも少なくなかった。

そんな人たちの中に、後にソフトバンクグループを立ち上げることになる孫正義さんがいた。

孫正義さんは1957年に佐賀県の在日が集まる地域で生まれた。本人の回顧によれば、家は他人の土地に勝手に立てた粗末なもので、すぐ近くの線路を汽車が黒煙と轟音《ごうおん》をまき散らして通り過ぎていたそうだ。親は鉄くずを集めたり、密造酒をつくったり、豚を飼ったりして生計を立てていた。そんな彼は同級生から「あんぽん（通名の「安本」をもじった）」と呼ばれ、たびたび差別を受けていたという。当時では、それが同世代の在日の人たちの日常だったのだ。

戦後からしばらくすると、日本社会の中に在日の人々の活躍が知られるようになる。ロッテグループをつくった重光武雄《しげみつたけお》さんや、プロ野球で安打記録を打ち立てた張本勲《はりもといさお》さんなどが一例だ。こうした人々が脚光を浴びることで、少しずつ在日の人たちへの眼差しが変わっていった。決して十分ではなかったものの、在日の人たちへの理解はゆっくりと改善されていったのだ。

1970〜80年代、日本における新たな外国人差別として注目されたのが、主にアジア諸国から出稼ぎにやって来た外国人だった。具体的には、フィリピンなど東南アジアからやって来た人々や、中国の貧しい地方から来日した人々、それにイランやパキスタンやバングラデシュなどのイスラム国家の出身者だ。

この頃、日本は高度経済成長を経て空前の好景気の時代を迎えていた。だが、こうした国は政治的に不安定だったり、戦争の傷跡が残っていたりして、大勢の国民が職にあぶれて食べていくことができない状態にあった。それゆえ、彼らは母国を離れ、豊かな日本に出稼ぎにやってきたのである。

だが、少なくない外国人が違法、あるいはグレーの形で来日していた。中国ではマフィアによる密航ビジネスが盛んに行われていたし、日本の暴力団が東南アジアから女性を呼び寄せて夜の街で働かせていた。また、イラン、パキスタン、バングラデシュの出身者の中には、観光ビザで来日した後、そのまま不法滞在して建設業などで働く者も少なくなかった。

もちろん、これらの国から来た人々の中には、正規のビザで入国し、貿易などの仕事を手掛ける人もいた。だが、メディアが前者を多く取り上げたこともあり、「不法滞在の外国人」とか「水商売の外国人」というイメージが定着した。

こうした否定的なイメージが、日本でまっとうに暮らしている外国人や、彼らの罪なき子供たちに向けられた。貧しく、不法な出稼ぎ外国人というレッテルを貼られ、不当な差別を受けることになったのである。

日系人と技能実習生

１９９０年代になってバブルが崩壊してしばらくすると、日本に来る外国人労働者の顔ぶれが変わっていく。警察が不法滞在で働く外国人に対する取り締まりを厳しくする一方で、国は入管法の改正によって南米に暮らしていた日系人を受け入れるようになったのだ。

南米の国々——ブラジルやペルーなどには、多くの日本人が移民として渡り、森を開拓して農業など事業を起こして生計を立てていた。戦前から戦後にかけて、彼らは日系人として現地に溶け込み、現地の人たちと結婚し、２世、３世が誕生していた。

図8－4　在日ブラジル人の推移

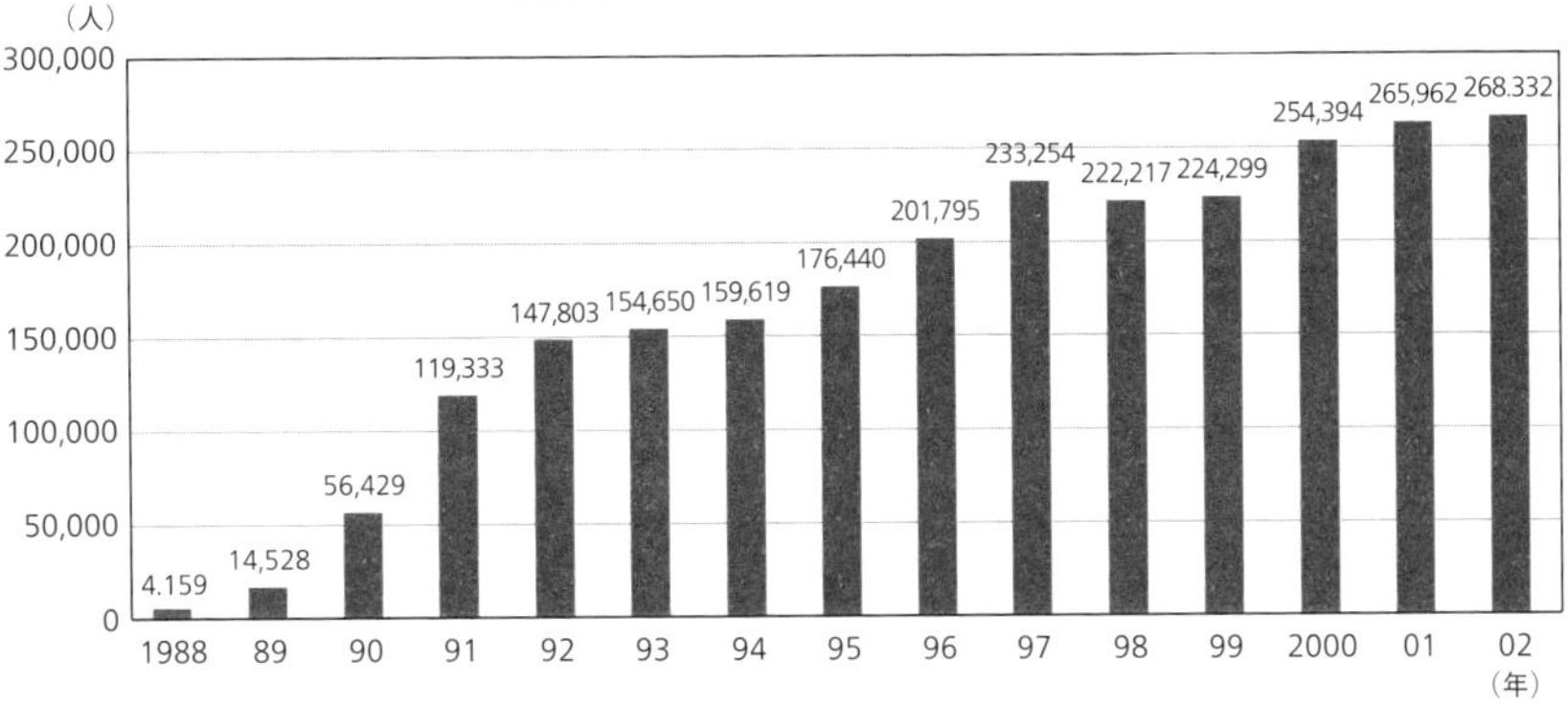

外務省「在日ブラジル人に関するデータ」

入管法の改正の建前は、こうした日系人が日本に来て自分のルーツをたどれるようにするといったものだった。だが、実際は日系人の出稼ぎ目的で利用され、大勢の人たちが流入してきたのである。

図（8－4）を見ると、入管法が改正された90年から急激に日系人が増加していることがわかるだろう。だが、1世はともかく2世、3世は南米で生まれ、ブラジルやペルーの国籍を有する者たちであり、日本語も日本文化もほとんど知らないで日本にやってくる。そのため、日本の社会や文化に溶け込むことができず、工場などで低賃金の仕事をしながら、日本社会と断絶した暮らしをする傾向にあった。

特に困難な状況に置かれたのが、彼らの子供たちだ。子供たちは母語すら十分に身についていない状態で日本の学校に入れられた。当然、学校になじむことができない者も現れ、登校拒否、ひどい場合は不就学といって小中学校に籍を置けない者もいた（外国人は義務教育ではない）。こうした子供たちが義務教育さえ受けられないまま社会に出れば、どれだけ大きな困難にぶつかるかは容易に想像できるだろう。

また、技能実習生のことにも触れておかなければならない。2008年にアメリカで起きたリーマンショックによる世界的な不況によって、日本における外国人労働者の傾向ががらりと変わった。南米出身の日系人が減ったのに代わって、アジア出身の技能実習生が急激に増えたのである。

技能実習制度は1993年に導入された。途上国の人々を日本に招いて、最長5年にわたって企業で働くのを認めるもので、建前としては日本の高い技術を習得する機会を提供するというものだ。ただ日系人に対する入管法の改正同様にこの建前も形骸化していて、実際は中国、ベトナム、インドネシアといった国々で暮らす人たちが出稼ぎを目的に利用することがほとんどだ。また、受け入れ側の日本企業も、安価な労働力を欲して制度を利用している面があるのは否めないだろう。

これを示しているのが、技能実習生が従事している業種だ。図（8-5）を見ると、日本において労働力が不足し、かつ低賃金で今の日本人がやりたがらないものも多い。特に労働力人口の減少が顕著な地方の産業において、技能実習生が埋め合わせとして労働に従事していることも少なくない。

こうした状況が、受け入れる側の偏見を生むこともある。ごく一部とはいえ、悪質な企業が技能実習生を「使い捨て人材」としか見なさず、過酷な労働を強いたり、不当な扱いをしたり

図8-5　技能実習生　職種別計画認定件数

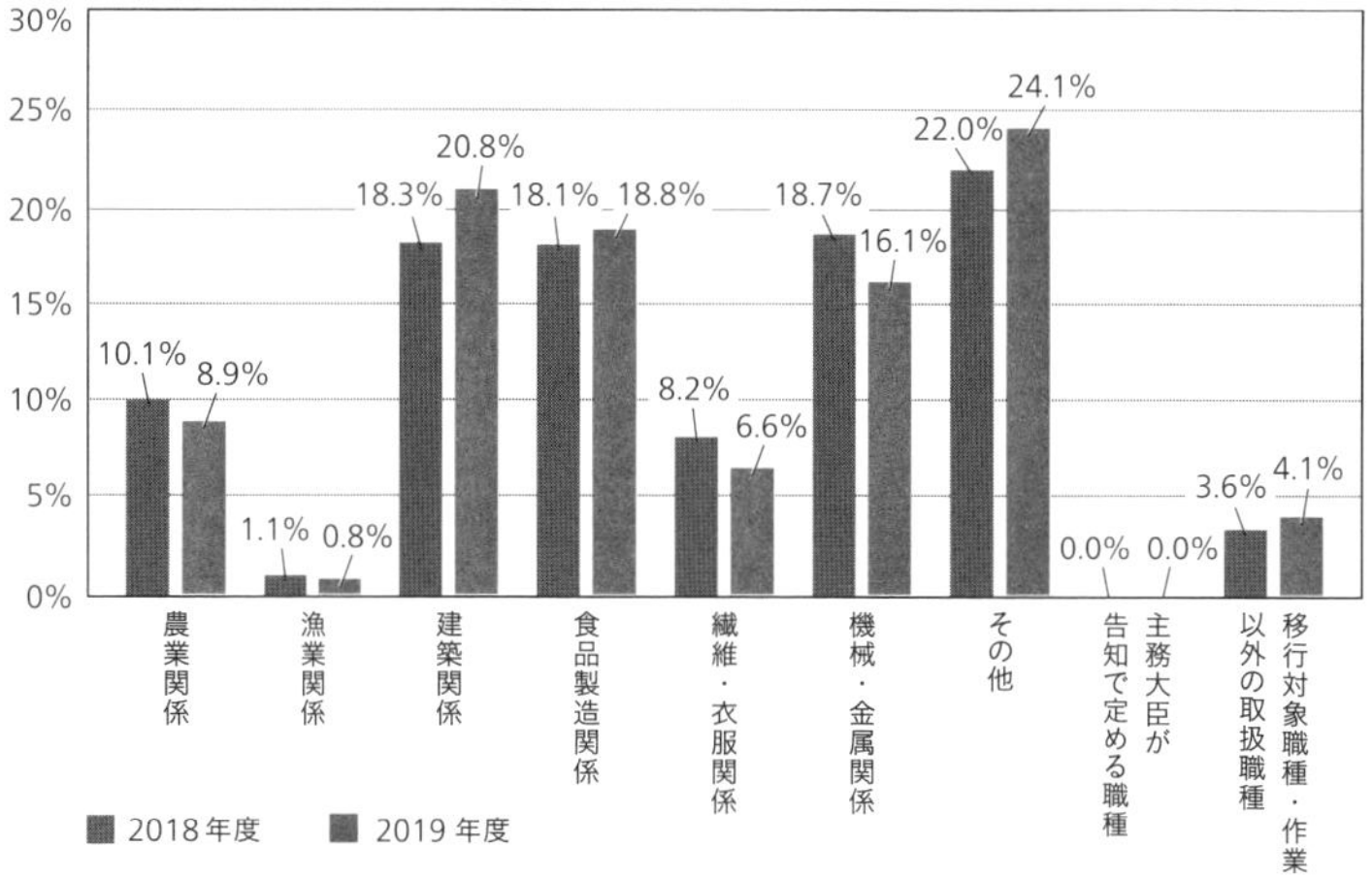

外国人技能実習機構「令和元年度　外国人技能実習機構業務統計」

図8-6　技能実習生と失踪者の推移

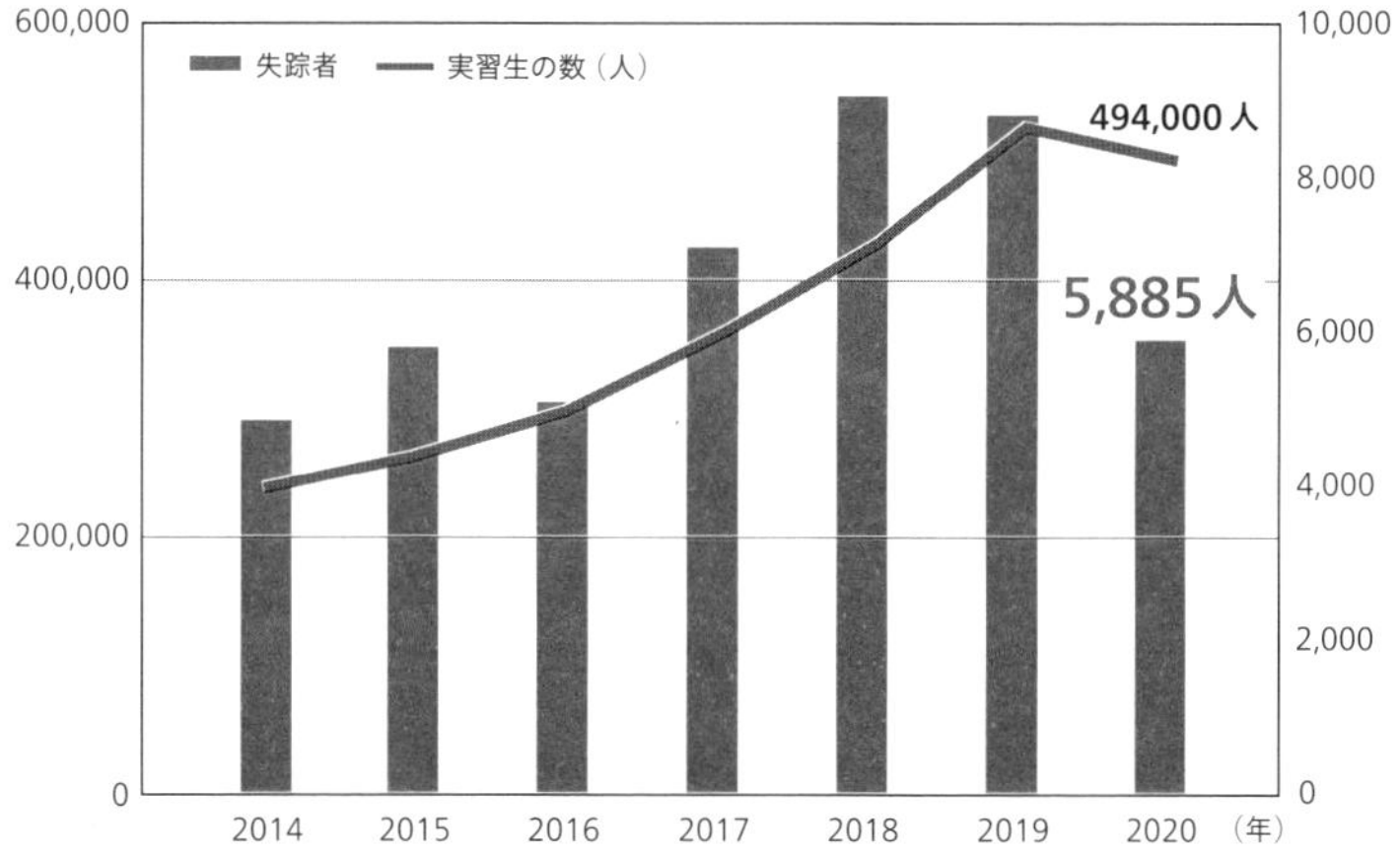

出入国在留管理庁『出入国在留管理局資料』ほか

する。近隣住民も、得体の知れない外国人が短期間だけやってきて、日本のルールを無視して好き勝手をしていると見なすことがある。そういう社会の空気があると、彼らにとっての生きづらさとなる。

これは技能実習生の失踪者の数からもわかる。図（8－6）のように毎年大勢の技能実習生が雇用先の企業から逃げ出しているのは、それだけ劣悪な待遇を受けていることの証《あかし》だ。

このように時代によって海外から日本にやってくる労働者の顔ぶれは異なるものの、彼らの多くは出稼ぎという形で低賃金の仕事を余儀なくされ、言語的にも、文化的にも溶け込むことができずにいるのである。

もし日本人と外国人が対等な関係性を築き、日頃から地域住民の間できちんとした対話が行えていれば、状況の改善は期待できるだろう。だが、そういう機会が少ないからこそ、不要な誤解を招き、両者の溝を深めてしまっているのだ。

社会そのものに差別の構造

大人たちとは別に、外国にルーツのある若い人たちに光を当てれば、差別の対象となっているのは、ハーフ（ダブル）の子供たちや、日本に連れてこられた外国籍を有する子供たちだ。

前者は日本に労働目的でやってきた外国人と日本人が結婚することで生まれた子供たちだ。タレントやスポーツ選手にもたくさんいるし、おそらく学校や地域に何人かはいるはずなのでイメージはしやすいだろう。

彼らは日本で生まれた日本人であっても、肌の色など外見に違いがあったり、親による生活習慣の違いがあったりする。そこに先述のような偏見が重なって、学校で、社会で、不当な扱いを受けることがあるのだ。

他方、後者は、ある程度の年齢まで外国で暮らしながら、途中で親に日本に連れてこられた子だ。

たとえば、ネパールの人たちは、先に父親だけが来日してインドカレー店などに勤務し、数年して生活が落ちついたところで妻子を呼び寄せることが多い。そうなると、子供たちは小中学校まで母国で築いていた友人関係を断ち切られ、いきなり言葉も習慣も異なる日本に放り込まれることになる。

これくらいの年齢の子供たちが、異文化に身を置いて一からあらゆることを構築していくのは決して容易なことではない。高校生くらいになればなおさらだ。親に対する反発もあれば、日本に対する反発もあるだろう。それが日本になじむことを一層難しくさせ、孤立させる。差別は往々にしてそういう子供たちに対して向けられる。

大雑把に見てきたが、こうして俯瞰《ふかん》すると、海外同様、日本社会にも外国人労働者を一段低く見なし、彼らが社会に溶け込むのを難しくしている構造があるのがわかるのではないだろうか。

日本人の大半は外国人差別を良いとは思っていないはずだ。それでもなぜ起こるのかと言えば、**社会そのものに差別の構造があり、日本人がそれをきちんと自覚していない**からだ。

こういう構造は、一人ひとりが意識して考えていかなければ、なかなか見えてこないものなのである。

アイデンティティのゆらぎに直面する子供たち

現代の日本には、ほぼ世界中からの移住者がいる。その中で子供たちに限ってみれば、彼らに多かれ少なかれ共通するのが**アイデンティティのゆらぎ**だ。

両親が外国人の場合、子供の中には親が持っている外国の文化と、日本の学校などで学んだ日本の文化が共存することになる。これをどう使い分けるかが難しい。

日本に限った話ではないが、もし親から教わった母国の文化に染まれば、日本社会の中では外国人として扱われる。逆に学校で身につけた日本の文化を家庭に持ち込めば、親から「日本人になったのか」と批判的な目で見られる。

日系ブラジル人の男性はこう語っていた。

「ブラジルでは普通にハグしたり、キスしたりする習慣があるんですが、僕は小学生になった頃からそれが嫌で嫌で仕方がありませんでした。僕は3歳で日本に来ているのでブラジルのことなんてほとんど知らないし、国籍以外は全部日本人と同じなんです。だから、親とハグするとか信じられない。恥ずかしいとしか思わないんです。

けど、親からすれば『なんで？』って感じですよね。ハグだけでなく、ファッションや考え方や食生活などいろんなところで同じようなすれ違いが起きるので、だんだんと親とぶつかるようになってくる。

これは日系人あるあるなんですけど、大抵みんな思春期にこうしたことで親との関係がこじれるんです。それきり絶縁なんてことも珍しくない。外国人の親と日本で暮らすと、どこかで母国か日本かの選択を迫られてしまうんです」

ハーフの子においても似たようなことが当てはまる。両親のどちらかが外国人だった場合、外国人の親の日本語能力が乏しいために意思の疎通がうまくできなかったり、考え方が合わなかったりすることが少なくない。

たとえば、親が進学の必要性をまったく理解していなかったり、宗教上の理由で電車の利用や遠足など遠出を認めなかったりするケースがある。それについてきちんと話し合いをしたくても、言語の違いからうまくいかず、結局は口論になってしまう。子供と親の確執は大きくなるばかりだ。

フィリピン人の母親を持つハーフの男性は次のように語っていた。

「親から毎週日曜日に教会へ連れていかれるのが嫌で嫌でたまりませんでした。教会にはフィリピン人のコミュニティがあるので、母からすれば宗教上の理由以外にも、フィリピンのことを知ってほしいという気持ちがあったのだと思います。

でも、俺からすればなんで日本人なのに教会へ行ってフィリピンの人たちと仲良くしなきゃいけないのって感じでした。中学生くらいの時は、それでしょっちゅう母とぶつかって、父には『なんでこんな外人と結婚したんだよ』なんて言っていました。

ハーフってことで顔立ちについてバカにされたこともありました。そのたびに母への怒りを膨らませていましたね」

日本で生きていくには日本の側に立たなければ差別される。だから、彼らは家庭や親を必要以上に否定しようとする。

ところが、いくら彼らがそうしようとも、親が外国の文化を持っていて、自分がそれを受け継いでいることには変わりない。どれだけ一生懸命に日本に溶け込もうとしたところで、日本人の側から「お前の親は外人なんでしょ」と言われて距離を感じたり、「肌の色が違う」「いつか母国に帰るんだよね」などと言われたりしてつらい思いをする。時にはあからさまないやがらせをされることもある。

そうなると、彼らは次のように考える。

「自分はどちらの側の人間でもないのだろうか……」。

外国にルーツのある多くの子供たちが、ある年齢に達した時点で苦しむのが、このアイデンティティのゆらぎなのだ。それは彼らが感じている生きづらさとも言い換えられるかもしれない。

多文化共生を目指す団体や施設では、こうしたアイデンティティのゆらぎを持つ子供たちへの支援を行っている。

たとえば、日本にはアイデンティティのゆらぎによって自暴自棄になり、非行に走ってしまう子供たちを収容する少年院がある。ここで行われている多文化共生プログラムでは、その子供たちへ次のように諭す。

――日本か外国かの二者択一ではなく、どちらでもない自分を受け入れよう。

先の日系ブラジル人も、フィリピン人のハーフも、日本か外国かと明確に線引きすることはできない。だからこそ、どちらかを選ぼうとして懊悩《おうのう》するのではなく、そういう自分を認めた上で、どちらの文化も受け継いだ人間として生きていく道を提示するのだ。

そのために必要なのが、「**対話**」だ。

多文化共生プログラムでは、子供たちのグループに日本人も交じって、様々な角度から語る。日本の良いところと悪いところは何なのか、日本では自分の国がどう描かれるのか、親が生まれ育った国はどんなところなのか……。

異なる国にルーツを持つ人たちが、自分たちの体験から意見を交わしながら、日本側でも、外国側でもない自分たちが、日本という社会で生きるにはどうすればいいのかということを考えていくのである。

もちろん、受け入れる側の意識改革も欠かせない。この話し合いに日本人が加わるのはそのためだ。彼らの意見に耳を傾けることで、意識せずに外国人を色眼鏡で見ていることや自分の日本人としての立ち位置に気づいたり、外国の文化に対する敬意を抱いたりする。それがお互いの距離を縮めることになる。

このような対話をすることによって、どんな効果があるのか。私がインタビューをした日系人の男性は次のように語っていた。

「どっちでもない自分を受け入れられた時、すごくすっきりしました。これまでは自分の中の外国的な側面、たとえば肌の色が違うとか、親の文化が違うとか、外国の食事で育ったとかいったことを否定的に捉えていたんです。それが自分のダメなところだって思っていた。

でも、どちらでもない自分として生きていこうとした時、それらがすべて自分が生きていくための武器になったんです。肌の色の違いをどう活かすか、親から学んだ異文化をどう活かすか、外国の生活習慣をどう活かすかという方向で物事を考えられるようになった。

その瞬間すっと肩の荷が下りた感じがしました。こう考えたら、自分はうまく生きていけるって思えたんです」

このように考えると、たくさんの文化が入り混じる中で生きる「多文化共生」が、決して簡単なことではないことがわかるだろう。異なる文化と出会い、自分の立ち位置を考え、他者を理解するのは想像するよりはるかに難しいことなのだ。

だが同時に、それは社会を何倍にも豊かにする可能性を秘めている。いろいろな国のおいしいものを食べ、異なる文化や価値観に刺激を受け、たくさんの出会いを通して視野が格段に広がる。数多の文化が混在する豊かな社会に生きるというのは、それだけ幸福の選択肢が増えるということでもあるのである。

これから君たちが目指すべきは、そういう未来ではないだろうか。

だとしたら、多文化共生を実現させるために、誰と何を語りどう生きていけばいいのか。外国人も、日本人も、同じようにそれを考える時期にきていると言えるだろう。

おわりに

君はなぜ、苦しいのか。

その問いをもとに、現代の子供たちを取り巻く諸問題をそれが形成されてきた歴史的なプロセスを踏まえて考えてみた。

本書の冒頭で、僕は日本の子供の心の幸福度が、先進国38カ国のうち37位と述べた。この時、君たちの多くは、なぜそこまで低いランクにあるのかいまいちわからなかっただろう。日本の幸福度を妨げているものとは何なのか、と疑問に思ったはずだ。

しかし、ここまで読んできた君たちは、日本の社会が生きづらいものになっていった経緯がわかったはずだ。

時代の急速な変化を受けて、日本の社会は窮屈なものになっていった。多くの人たちが自分を見失い、やりがいを持って生きていくことが難しくなり、ある者は自暴自棄になり、ある者は心が荒《すさ》み、ある者は精神を病んだ。

家庭や学校では、そのしわ寄せが立場の弱い子供たちに及んだ。過剰な教育、親子関係のゆがみ、経済格差、不登校、ネット依存、マイノリティ差別……。気がつけば、子供たちの周りには、そんな問題が当たり前のように転がっている。

日本社会に生きる君にとって、こうした問題は地面に埋められた地雷のようなものだ。たとえ今、深刻な問題に直面していなくても、周りにいる子供たちの何人かはそれらに苦しめられているし、君だってそうなるリスクと隣り合わせで生きている。このことが社会全体に蔓延する息苦しさの正体であり、日本の子供の心の幸福度が低い主な原因の一つでもあるのだ。

しかしながら、国は現状を把握しているにもかかわらず、諸問題を解決できずにいる。彼らが行っているのはモグラ叩きのような対症療法であり、根本の原因にはほとんどメスが入れられてこなかった。ゆえに、時代によって問題の現れ方は異なるとはいえ、子供たちが苦しむ状態が長らくつづいてきたのである。

本書で紹介した不登校の子供や、ネット依存の子供たちは、自分たちの未来について尋ねられると、異口同音にこう答えていた。

「(どうなるのか)わかんないです。もういいやって感じ……」

彼らは自分がどのような状態にあり、何をどうすれば現状から脱却できるのかわからないのだ。だから、自暴自棄になったように「もういいや」と答える。これでは解決の先送りにしかならず、彼らの苦しさは大きくなるばかりだ。

僕がこの本で、今の日本の子供たちを取り巻く諸問題が生み出されてきた経緯と原因を示したのは、1人でも多くの人にそんな状態から抜け出してもらいたかったからだ。

君が立っている現在地がどのように形作られたのかを知ることは、そこで起きている問題にどう対処すればいいのかを理解することにつながる。息苦しさの原因は何なのか、どんな選択肢があるのか、何に向かって進めばいいのか。それが明確になって初めて、君は問題から解き放たれるスタートラインに立つことができる。

支援をする側の人にとっても同じだ。そうしたことを正確に把握していなければ、目の前の困っている人に手を差し伸べることはできない。何より社会を生きやすいものにするために、自分が何をすべきかが見えてこない。

僕は、日本の若者の心の幸福度を上げるには、日本が置かれている現状を正確に理解し、行動に移せる人を増やしていくことが欠かせないと考えている。そういう意味では、日本に蔓延する息苦しさがなくなるのか、あるいは今以上に大きくなってしまうのかは、一人ひとりの働きかけにかかっていると言えるだろう。

日本の若者の心の幸福度を上げることはできるのか。

それは社会の現状を知った君が、これから先どう行動するかにかかっているのだ。

石井光太　いしい・こうた

1977年東京生まれ。作家。国内外の貧困、災害、事件などをテーマに取材·執筆活動をおこなう。『物乞う仏陀』『絶対貧困 世界リアル貧困学講義』『遺体 震災、津波の果てに』『浮浪児1945- 戦争が生んだ子供たち』『「鬼畜」の家 わが子を殺す親たち』『43回の殺意 川崎中1男子生徒殺害事件の深層』『虐待された少年はなぜ、事件を起こしたのか』『本当の貧困の話をしよう 未来を変える方程式』『ルポ 誰が国語力を殺すのか』など著書多数。2021年、『こどもホスピスの奇跡 短い人生の「最期」をつくる』で第20回新潮ドキュメント賞を受賞。

君《きみ》はなぜ、苦《くる》しいのか
人生《じんせい》を切《き》り拓《ひら》く、本当《ほんとう》の社会学《しゃかいがく》

2023年3月10日　初版発行

著　者　石井光太
発行者　安部順一
発行所　中央公論新社
〒100-8152　東京都千代田区大手町1-7-1
電話　販売03-5299-1730　編集03-5299-1740
URL https://www.chuko.co.jp/
印刷　大日本印刷
製本　小泉製本

©2023 Kota ISHII
Published by CHUOKORON-SHINSHA.INC.
Printed in Japan ISBN978-4-12-005637-6 C0037
定価はカバーに表示してあります。落丁本·乱丁本はお手数ですが小社販売部宛てにお送り下さい。送料小社負担にてお取り替えいたします。

·本書の無断複製（コピー）は著作権法での例外を除き禁じられています。また、代行業者等に依頼してスキャンやデジタル化を行うことは、たとえ個人や家庭内の利用を目的とする場合でも著作権法違反です。